国家社会科学基金项目（批准号：14XJY018）

教育部人文社会科学研究青年基金项目（批准号：10YJC790276）

中国中小企业信贷配给问题研究
——"租值耗散-交易费用"框架

Zhongguo Zhongxiao Qiye Xindai Peiji Wenti Yanjiu
—Zuzhi Haosan-Jiaoyi Feiyong Kuangjia

翁舟杰　著

 西南财经大学出版社

图书在版编目(CIP)数据

中国中小企业信贷配给问题研究:"租值耗散—交易费用"框架/翁舟杰
著.—成都:西南财经大学出版社,2015.1
ISBN 978 - 7 - 5504 - 1628 - 4

Ⅰ.①中…　Ⅱ.①翁…　Ⅲ.①中小企业—贷款管理—研究—中国
Ⅳ.①F832.42

中国版本图书馆 CIP 数据核字(2014)第 243632 号

中国中小企业信贷配给问题研究——"租值耗散—交易费用"框架

翁舟杰　著

责任编辑:王正好
助理编辑:何春梅
封面设计:杨红鹰
责任印制:封俊川

出版发行	西南财经大学出版社(四川省成都市光华村街55号)
网　　址	http://www.bookcj.com
电子邮件	bookcj@foxmail.com
邮政编码	610074
电　　话	028 - 87353785　87352368
照　　排	四川胜翔数码印务设计有限公司
印　　刷	四川森林印务有限责任公司
成品尺寸	170mm × 240mm
印　　张	10.5
字　　数	160 千字
版　　次	2015 年 1 月第 1 版
印　　次	2015 年 1 月第 1 次印刷
书　　号	ISBN 978 - 7 - 5504 - 1628 - 4
定　　价	55.00 元

摘　要

　　对于中小企业贷款难问题的研究，国内一般的研究范式主要是通过运用西方现代信贷配给理论，尤其是著名的基于信息不对称的 S-W 模型（Stiglitz & Weiss，1981），并结合我国实际情况进行探讨，很少触及对信贷配给理论基础的研究。本书则完全放弃这一传统研究范式，即从理论基础入手，运用西方新制度经济学、产权理论、信息经济学等现代经济理论重新构建了一个分析信贷配给的"租值耗散—交易费用"框架，并运用这一新框架重新剖析了我国中小企业贷款难问题的成因和应对之策。全书共分七章。

　　第一章为导论，主要介绍本书的研究背景、研究意义、研究方法和研究思路，并对本书的主要创新和局限作了说明。

　　第二章重点介绍中小企业的重要性及中小企业信贷融资的现状。中小企业对于我国国民经济的发展具有非常重要的地位，同时信贷融资对于中小企业的发展具有特殊性和重要性，但我国中小企业却一直面临着较为严重的信贷融资障碍。

　　第三章是对国内外文献的梳理和评述部分，为进一步研究奠定基础。

　　对国外文献的梳理和评述旨在给出一个关于信贷配给研究的发展历程。信贷配给的研究经历了两个明显的阶段：第一阶段，是否承认信贷配给是一种长期的均衡现象；第二阶段，是否考虑信息结构对信贷行为的影响。现代信贷配给理论既承认信贷配给是一种长期的均衡现象，又把信息结构纳入其分析框架，使得这些理论对信贷配给的解释具有了更为充分的说服力。鉴于此，本书欲建立的信贷配给分析框架，也同样应该具备上述特征。

对国内文献的梳理和评述旨在概括国内学者对中小企业贷款难成因的主流观点。中小企业贷款难的观点主要包括：银行市场结构论、所有制歧视（摩擦）论、企业规模歧视论、外环境缺陷论。

第四章构建了一个分析信贷配给的新框架——"租值耗散—交易费用"框架。信贷市场存在着大量的交易费用，银行通过主动地向下调控利率，在导致租值耗散的同时也能带来交易费用的节约，因此信贷配给是银行权衡租值耗散和节约交易费用的结果。进而，本书根据上述思想建立了一个数理模型，给出了均衡利率的理论公式：$i^* = \dfrac{Q_0 - k_1}{2(k_2 - q)}$，并根据这一模型给出了缓解信贷配给的可行途径，同时在模型的基础上对抵押和担保机制进行了分析。为进一步分析我国中小企业贷款难成因以及寻求缓解之策构建了一个分析框架。

第五章运用"租值耗散—交易费用"框架对我国中小企业贷款难的成因做具体剖析。我国的银行业市场结构具有明显的垄断特征，这种较高垄断程度的银行业市场结构表现在信贷市场上，就是具有垄断力的大银行的信贷供给曲线中的 q 值是相对较小的。其一，我国中小企业的运行特点决定了银行在向中小企业信贷融资中的交易费用是相对较高的；其二，我国当前银行体系的所有制结构、治理结构和竞争结构决定了我国的银行体系向中小企业信贷融资的交易费用是较高的；其三，我国当前信用支持体系无法有效节约银行向中小企业融资中的交易费用。以上三点均使得银行在向中小企业信贷融资的过程中存在较高的交易费用，即 $k(k_1, k_2)$ 值相对较大。从而，一个较小的 q 值和一个相对较大的 $k(k_1, k_2)$ 值必然导致信贷配

给均衡利率 $i^* = \dfrac{Q_0 - k_1}{2(k_2 - q)}$ 相对较低，整个中小企业信贷市场由此可能存在严重的信贷配给，即中小企业贷款难。进一步的，本书把这一观点和国内主流中小企业贷款难观点进行了比较，发现除了所有制歧视论（这一观点已逐步失去了生命力），其他观点均能在"租值耗散—交易费用"框架中找到支持。

第六章主要讨论了中小企业信贷市场上的租值分割问题。本书在"租值耗散—交易费用"框架基础上，给出了一个关于我国中小企业信贷市场运行特征的全景图。本书具体分析了银行、企业、银行从业人员、信用支持体系等信贷市场参与主体在租值分割中的行为特征。中小企业较为严重的信贷配给导致了大量租值被置入公共领域，因此银行、银行从业人员、企业、担保机构等相关主体会通过各种方式分割租值。不管这些租值分割行为是否合法或合规，我们都可以把其视为相关主体间就利益分配和行为规范等方面达成的合约，并且大部分分割租值的方式都以隐性合约的形式存在。本书认为，遏制如信贷腐败之类的为分割租值而衍生的隐性合约，单靠法律建设并不是治本之道，实际上法律手段只是让租值在各行为主体之间进行了重新分配，而治本之道还是缓解中小企业信贷市场的信贷配给程度，由此减少置入公共领域的租值。

第七章给出了缓解中小企业贷款难的思路。缓解中小企业贷款难的任何政策建议都必须要有助于改善银行市场结构或节约信贷融资中的交易费用。因此相关的政策建议必然有很多，如加快征信体系建设、完善担保体系建设等。本书有选择性地从发展我国民营社区银行的角度给出了缓解中小企业贷款难的思路，通过对国内外关于"关系型贷款"和"中小银行优势论"的深入分析，认为，发展民营社区银行既有利于改善银行市场结构，又有利于节约信贷融资中的交易费用，从而有利于缓解我国的中小企业信贷配给。

本书的主要创新在于以下几点：

第一，尝试性地引入产权分析方法，结合信息经济学等相关理论成果，构建了研究信贷配给的"租值耗散—交易费用"框架。

第二，运用"租值耗散—交易费用"框架重新解读了我国中小企业贷款难的成因和应对思路。

第三，尝试性地把国内现有中小企业贷款难理论纳入到一个统一的分析框架中。

第四，在新框架的基础上结合隐性合约理论，描绘了一幅关于我国中小企业信贷市场运行特征的全景图。

关键词： 中小企业　信贷配给　租值耗散　交易费用

目 录

第四章 信贷配给再探索
——"租值耗散—交易费用" 框架

第五章 我国中小企业信贷配给问题严重的成因
——新框架下的解读

目

录

第六章　我国中小企业信贷融资中的租值分割及后果

第七章　缓解中小企业贷款难的可选路径
——发展民营社区银行

参考文献

第一章

导论

在我国银行主导的金融体制下,中小企业融资难更多地体现为贷款难。对于中小企业贷款难问题的研究,国内一般的研究主要是通过运用西方信贷配给理论,并结合我国实际情况进行探讨,很少触及对信贷配给理论基础的研究。

一、研究背景和研究意义

中小企业是促进经济增长的重要驱动力，是缓解就业压力的重要渠道，是活跃市场的重要力量。我国的中小企业是在渐进式改革中不断发展壮大的。在近年我国经济增长中，中小企业是最重要的支撑力量之一。中小企业的崛起对我国社会主义市场经济的形成和完善具有重大意义。从很大程度上讲，没有中小企业的崛起，就不可能成功构建和完善我国的社会主义市场经济体制。

虽然中小企业的地位十分重要，但其发展中也不可避免地受到一些外部条件的制约，中小企业融资难就是其中一个比较突出并长期困扰其良性发展的问题。在我国银行主导的金融体制下，中小企业融资难更多地体现为贷款难。对此，政府已经出台了不少支持中小企业贷款的相关政策，包括指导性地要求商业银行加大对中小企业的贷款力度，鼓励建立小企业贷款风险补偿基金，对商业银行开展中小企业信贷业务实行差异化的监管政策，鼓励和推进村镇银行、小额贷款公司等新型金融机构的发展，鼓励设立包括由中央、地方财政出资和企业联合组建的多层次中小企业融资担保基金和担保机构等等，但至今未能从根本上扭转中小企业贷款难状况。近年来，贷款难问题还表现出一个新的特征，那就是贷款难和民间融资盛行并存。这表明造成这一问题的主要原因并不在于信贷资源的相对不足，而是由于金融体系可能存在某些缺陷和不足，使得联结资金供给者和资金需求者之间的融资渠道无法有效打通，造成市场失灵。这一问题如果一直得不到解决，势必影响我国改革发展大局，不利于实现社会经济全面、协调和可持续发展。显然，积极探寻中小企业贷款难的症结和应对思路具有重大的现实意义。

对于中小企业贷款难问题的研究，国内的理论成果已经非常丰富。中小企业贷款难问题在本质上就是信贷市场上的信贷配给问题。对此，国内绝大多数文献的研究范式主要是以西方现代信贷配给理论尤其是著名的基于信息不对称的 S-W 模型（Stiglitz & Weiss，1981）为"起点"，并结合我国实际情况进行探讨。本书拟完全放弃这一传统研究范式，通过运用西方产权理论、信息经济学等现代经济理论重新构建一个分析信贷配给的新框架，即"租值耗散—交易费用"框架。这无疑有助于丰富现代信贷配给理论。同时，本书拟运用这一新框架重新剖析我国中小企业贷款难问题的成因和应对之策，从一个全新视角解读中小企业贷款难问题。这必然有助于丰富中小企业贷款难理论，为缓解我国中小企业贷款难提供新思路。

二、研究方法

其一，产权分析方法与信息经济学理论的运用。"租值耗散—交易费用"框架的构建主要是依靠产权分析方法和信息经济学的相关理论，特别是通过租值耗散和交易费用相关理论的运用。

其二，定性分析和定量分析相结合。本书在文字解释和推理的基础上，努力借助数理逻辑分析并刻画商业银行的信贷行为特征，构建"租值耗散—交易费用"数理模型。

其三，实证研究和规范研究相结合。本书拟以实证研究为核心，即努力寻求中小企业贷款难的微观原因，积极构建"租值耗散—交易费用"新框架，并用新框架解释中小企业贷款难的相关问题；同时本书也注重规范分析，即运用新框架提出缓解中小企业贷款难的思路等。

三、研究思路

本书在继承经典信贷配给理论的基础上，通过运用西方产权理论、信息经济学理论等理论成果，尝试性地构建起了一个分析信贷配给的新框架——"租值耗散—交易费用"框架，并运用新框架分析了我国中小企业贷款难问题的症结。

在"租值耗散—交易费用"框架的构建上，本书的思路主要如下：在不考虑政府对利率管制的条件下，信贷配给实际上是银行主动对利率进行控制的结果，这种控制虽然是由银行主动做出的，但其后果和政府的利率管制相似，那就是利率控制会导致信贷市场无法通过价格机制出清，部分合格企业无法通过利率机制获得贷款。我们知道，一项资产的产权是由多种权利构成的，收入权是其中的重要一维。产权的完全界定本就非常困难，而银行主动向下控制利率必然加重信贷产品产权界定的不完全性，从而使得本应由银行占有的财富更多地被置入公共领域，信贷市场的相关参与主体必然会努力去攫取这些"免费的午餐"，于是租值耗散就发生了（包括隐性价格机制下的租值分割和非价格机制下的纯粹的租值耗散）。显然银行也会努力去攫取这些租值，但很明显，这种得益是远远小于其通过主动控制利率而置入公共领域的财富数量的，那么银行为何还要主动控制利率呢？也就是说，银行为何要实行信贷配给呢？这就引出了我们对信贷市场交易费用的分析。实际上，信贷市场中存在着大量的交易费用，银行通过主动控制利率可以大幅度地节约信息费用和监督费用。也就是说，利率控制在导致部分租值被分割及耗散的同时也带来了银行在交易费用上的节约。由此可见，如果这种节约在数量上超过由此增加的被分割及耗散的租值数量，那么这种选择就是有益的，也是银行在约束条件下的理性最优选择。实际上，信贷配给就是这样一种通过部分否决价格机制以达成更有利于银行均衡的机制。当租值耗散和交易费用的节约在边际上相等时，银行的利益是最大化的。因此，银行有动力去达成并努力维持这种均衡，于是信贷配给就发生了。本书把这一思路进行了数理模型化，给出了一个由银行市场结构和交易费用等因素共同决定的信贷配给均衡利率决定公式。

接下来，本书具体运用"租值耗散—交易费用"框架分析了我国的中小企业信贷市场。本书通过对我国当前的银行市场结构、信贷融资中的交易费用等方面的分析，探寻了中小企业贷款难的成因；通过对中小企业信贷市场中各参与主体在租值分割中的行为的分析，探寻了我国中小企业信贷市场的运行特征；进而遵循"租值耗散—交易费用"框架的一贯思路，给出了缓解中小企业贷款难的应对之策。

四、主要创新和局限

（一）主要创新

中小企业贷款难问题在本质上就是信贷市场上的信贷配给问题。本书则完全放弃以西方现代信贷配给理论为"起点"的传统研究范式，尝试性地构建了一个分析信贷配给的新框架，进而运用新框架对我国中小企业贷款难的问题进行研究。这构成了本书的最大创新，具体包括以下几方面：

第一，尝试性地引入产权分析方法，结合信息经济学等相关理论成果，构建了研究信贷配给的"租值耗散—交易费用"新框架，并给出了一个求解均衡信贷配给利率的数理模型：$i^* = \dfrac{Q_0 - k_1}{2(k_2 - q)}$。

第二，运用"租值耗散—交易费用"框架重新解读了我国中小企业贷款难的成因。本书着重从银行业市场结构和信贷市场的交易费用入手，认为，具有较高垄断程度的银行业市场结构（相对较小的 q 值）和信贷市场较高的交易费用（较大的 $k(k_1，k_2)$ 值）使得中小企业信贷市场的信贷配给均衡利率 $i^* = \dfrac{Q_0 - k_1}{2(k_2 - q)}$ 相对较低，即信贷配给程度是相对较高的，从而以一个全新的视角解释了中小企业贷款难问题的成因。

第三，尝试性地把国内现有中小企业贷款难理论纳入到了一个统一的框架。本书通过将新框架与国内主流中小企业贷款难的情况进行比较，不难发现：除了所有制歧视论（这一观点已逐步失去了生命力），其他观点均能在"租值耗散—交易费用"框架中找到支持。

第四，在新框架的基础上结合隐性合约理论，通过分析信贷市场各相关利益主体在租值分割中的行为，描绘了一幅关于我国中小企业信贷市场运行特征的全景图。

（二）主要局限

经济学是一门解释行为的科学，商业银行在中小企业信贷市场上的信贷配给行为作为经济中的一种重要行为需要认真研究。但是研究信贷行为是一个十分庞大的系统工程，不仅需要作者具备深厚的经济学功底，而且需要对银行实际信贷业务十分了解。由于作者的学识和实务工作经验的不足，必然使本书所构建的信贷配给"租值耗散—交易费用"框架存在一些局限和不足，具体包括以下几方面：

第一，对信贷市场租值耗散和交易费用的分析有待紧密联系信贷市场实际作进一步深入。

第二，数理模型有待进一步修正和优化。

第三，数理模型的合理性和解释力有待深入的实证检验。

五、进一步研究的方向

本书虽然运用相关理论成果，尝试性地构建了信贷配给分析新框架，并以此分析了我国中小企业贷款难的成因，并由此提出了解决我国中小企业贷款难的思路，但这充其量只是一种大胆的尝试，其中的局限和不足比比皆是。但是，关于新框架的研究方向是十分明确的：一是继续吸收各家理论，建立一个更加完善的"租值耗散—交易费用"信贷配给分析框架，并利用这个框架解释中小企业信贷配给问题；二是对新框架进行规范的实证分析，通过实证验证理论，修正和完善"租值耗散—交易费用"框架。

第二章

中小企业和中小企业信贷融资

　　中小企业的发展壮大离不开必要的资金支持，融资渠道是否畅通是制约中小企业发展的重要因素。对于我国，以银行为主导的金融结构更使得信贷融资在中小企业融资中具有特殊的重要性。

第一节　中小企业在国民经济中的地位

中小企业是一国经济增长、社会发展、科技创新的重要力量，中小企业的发展受到世界各国的普遍重视。我国的中小企业是在渐进式改革中不断发展壮大的。在我国近年的经济增长中，中小企业是最重要的支撑力量之一。中小企业的崛起对我国社会主义市场经济的形成和完善具有重大意义。从很大程度上讲，没有中小企业的崛起，就不可能成功构建和完善我国的社会主义市场经济体制。

一、中小企业的界定标准

中小企业既是一个相对的概念，又是一个动态的概念。由于世界各国经济发展水平不尽相同，并且随着一国经济的发展，中小企业界定标准又会相应地变动，因此目前在世界范围内对中小企业的界定尚无统一的标准。

尽管对中小企业的界定比较困难，但世界各国还是制定了各自的划分标准。这些标准总的来说可以分为以下两类：一类是以企业的经济特征和控制方式加以定义；另一类是以若干数量指标衡量企业规模的大小。前者属于定性定义，优点是可以从实质上反映企业的组织结构和经

营方式等特点；后者属于定量定义，优点是可以给人以比较直观的印象。[1] 在中小企业的划分实践中，这两种方法经常结合使用

我国对中小企业的划分主要采用不同行业分别定量定义的方法。从1950 年以来，我国对中小企业的划分标准已经变更了多次，最新的界定标准是 2011 年由工业和信息化部、国家统计局、国家发展和改革委员会、财政部联合发布的《中小企业划型标准规定》（工信部联企业〔2011〕300 号）。该规定把中小企业划分为中型、小型、微型三种类型，具体标准根据企业从业人员、营业收入、资产总额等指标，结合行业特点制定。具体标准见表 2-1。

表 2-1　　　　　　　　　各行业中小企业界定标准

农、林、牧、渔业	营业收入 20 000 万元以下
工业	从业人员 1 000 人以下或营业收入 40 000 万元以下
建筑业	营业收入 80 000 万元以下或资产总额 80 000 万元以下
批发业	从业人员 200 人以下或营业收入 40 000 万元以下
零售业	从业人员 300 人以下或营业收入 20 000 万元以下
交通运输业	从业人员 1 000 人以下或营业收入 30 000 万元以下
仓储业	从业人员 200 人以下或营业收入 30 000 万元以下
邮政业	从业人员 1 000 人以下或营业收入 30 000 万元以下
住宿业	从业人员 300 人以下或营业收入 10 000 万元以下
餐饮业	从业人员 300 人以下或营业收入 10 000 万元以下
信息传输业	从业人员 2 000 人以下或营业收入 100 000 万元以下
软件和信息技术服务业	从业人员 300 人以下或营业收入 10 000 万元以下
房地产开发经营	营业收入 200 000 万元以下或资产总额 10 000 万元以下
物业管理	从业人员 1 000 人以下或营业收入 5 000 万元以下
租赁和商务服务业	从业人员 300 人以下或资产总额 120 000 万元以下
其他行业	从业人员 300 人以下的为中小微型企业

---

[1]　刘曼红. 中国中小企业融资问题研究［M］. 北京：中国人民大学出版社，2003：5.

二、中小企业在市场经济中的重要作用

中小企业既是市场经济的产物，同时又是市场经济不可或缺的基础。张捷对中小企业在现代市场经济中的重要作用做了如下的较为全面的归纳①。

其一，中小企业是激活市场竞争、增进市场效率的基本力量。在新古典经济学中，完全竞争市场是最有效率的市场形态。完全竞争市场的假设条件包括：市场上存在着众多的厂商和消费者，交易者拥有完全信息且不存在交易费用，厂商可以自由进入和退出市场。而中小企业的大量存在不仅有助于激活市场竞争，而且会使众多市场参与者在竞争压力下收集信息、在交易过程中传递信息，从而使信息趋于完全；另外，由于中小企业规模小、试错成本低，因此在市场进退和行业转换方面也表现得更为灵活。由此可见，一个中小企业占主导的市场，必然是一个更接近于完全竞争市场假设条件的市场，因此也必然是一个更有效率的市场。

其二，中小企业是孕育企业家精神和推动技术创新的主要载体。中小企业生存能力弱，面临着较大的竞争压力，只有不断开拓创新才能求得生存和发展。善于敏锐捕捉市场机会、勇于承担风险、具有开创新事业魄力和能力的企业家和企业家精神往往发轫于小企业之中。另外，由于中小企业的组织结构简单、决策机制灵活，也使得人的个性和创造力能够得到更加充分的发挥。

其三，中小企业是创造就业机会和缓解经济周期冲击的重要稳定"装置"（这里把国家整体经济比喻为一个机器）。在创造就业机会方面，中小企业具有不可替代的重要作用。随着技术进步和工业化程度的加深，大企业越来越趋向于以资本替代劳动，人企业在经济发展过程中

---

① 张捷. 结构转换期的中小企业金融研究——理论、实证与国际比较 [M]. 北京：经济科学出版社，2003：3-6.

对劳动力的吸纳作用越来越小，而中小企业由于劳动密集型的特征，等量资本所吸纳的劳动力数量远远高于大企业，因而成为新增劳动力的主要吸纳者。另外，当经济处于衰退时，中小企业还能在一定程度上吸纳被大企业解雇的劳动力，政府还可通过鼓励失业者创办自己的小企业来减少失业，从而可以在一定程度上缓解经济周期的冲击并使经济更快地走出低谷。

其四，中小企业是促进社会化专业分工的重要力量。中小企业由于受资本、人才等资源的约束，从而只能专注于某一狭小的特定领域，在产业分工协作体系中，中小企业往往担当着为大企业提供零部件和配套服务的角色，从而使得大企业可以更加专心于打造核心竞争力及国际竞争力。专业化分工有助于促进技术进步、提高经济效率，因此中小企业的发展壮大必然是构建合理有序的产业分工协作体系以及提高经济效率的重要力量。

除此之外，中小企业在扩大对外贸易、技术创新、转变经济增长方式等方面也具有重要作用。总之，中小企业是市场经济充满活力的源泉，在市场经济中具有十分重要的地位，因此世界各国普遍重视中小企业的发展并对其进行必要的政策支持。

三、中小企业在我国经济发展中的重要地位

中小企业是在我国的渐进式改革中不断发展并壮大的，中小企业的崛起对我国社会主义市场经济的形成和完善具有重大的意义。从某种意义上说，没有中小企业的崛起，我国的社会主义市场经济体制就不可能成功构建和不断完善。我国改革开放以来，以民营经济、乡镇企业为主体的中小企业在推动经济增长、提供就业机会、促进对外贸易等方面发挥了十分重要的积极作用，总产出占国民生产总值（GDP）的比重逐年上升，为我国经济的持续稳定发展做出了重要的贡献，其地位已经从国民经济的"补充部分"发展为国民经济的"重要组成部分"。

中小企业在推动我国经济增长方面的一个直观对比是：在 1993 年之前，辽宁省人均 GDP 长期居中国第一（除直辖市之外），而浙江省当时还属于落后省份；但是从 1994 年开始，浙江的人均 GDP（除直辖市之外）长期名列中国第一。浙江经济之所以能够迎头赶上，与浙江省锐意改革、大力发展中小企业分不开。目前以民营经济为主的中小企业在浙江省 GDP 中的产出贡献占到了 90% 以上。可以毫不夸张地说，中小企业的发展造就了一个充满生机与活力的浙江；而作为老工业基地的辽宁省却由于各种原因延误了中小企业的发展，导致经济增长相对缓慢。

在提供就业机会方面，我国中小企业更是肩负和发挥着重要的作用。实际上，中小企业不仅是主要就业机会的提供者，也是新增就业机会的最主要渠道。在我国国有企业改革和推进农业劳动力向非农业转换过程中，政府面临着巨大的就业压力。能否吸纳和提供新的工作岗位事关社会稳定与经济发展。据估算在中国：创造一个就业岗位大型企业需投资 22 万元；中型企业需投资 12 万元；小型企业只需投资 8 万元；个体工商户投资约 1 万元。[①] 由于中小企业劳动密集型的特征，蓬勃发展的中小企业创造了大量的工作岗位，为有效缓解就业压力做出了巨大的贡献。

在促进对外贸易方面，中小企业的作用也相当明显，如服装、手工艺品、五金工具和轻纺织工业等产品的出口主要是依靠中小企业提供的。当前，中小企业的出口额已占我国总出口额的六成以上。除此之外，中小企业还在提供更多的个性化产品和服务，在技术创新、经济结构调整和转变经济增长方式等方面发挥了重要作用。

总之，中小企业已经成为了支撑我国经济增长的基础性力量和扩大就业的主渠道，为我国经济发展做出了巨大的贡献，而且中小企业也是技术创新与机制创新的主体，在繁荣城乡市场、增加财政收入、优化经济结构、增强经济活力、促进社会稳定等方面发挥着日益重要的作用。

---

① 张捷. 结构转换期的中小企业金融研究——理论、实证与国际比较［M］. 北京：经济科学出版社，2003：5.

第二节 信贷融资对中小企业的重要性

中小企业的发展壮大离不开必要的资金支持，融资渠道是否畅通是制约中小企业发展的重要因素。中小企业融资模式一般可以分为内源融资和外源融资，外源融资又可以分为直接融资和间接融资。另外，政府的扶助资金也是某些中小企业的重要资金来源。① 从总体上看，当前中小企业的融资构成主要以内源融资为主，其次才是外源融资，并且内源融资的比重远高于大企业，这也从一个侧面反映了中小企业的融资困难。在外源融资方式的选择上，国内外研究表明，以银行贷款为主的间接融资是中小企业最大和最主要的融资渠道，信贷融资对中小企业非常重要。在我国，以银行为主导的金融结构更使得信贷融资在中小企业融资中具有了特殊的重要性。

一、信贷融资在中小企业融资中的地位

由于中小企业在外源融资过程中的一个显著不利因素是较为严重的信息不对称性，因此必须选择有利于显示企业信息且能节约交易费用的融资方式。对中小企业而言，要达到股票融资或债券融资的各项要求（包括信息要求），其支付的成本是相对较高的，甚至是不可能的；而以银行信贷融资为主的间接融资方式的成本是相对较低的，并且银行具有主动收集和分析企业信息，从而降低融资过程中信息不对称程度的优

---

① 政府扶助资金的形式包括税收优惠、财政补贴、贷款援助和开辟直接融资渠道等。政府扶助资金在中小企业外源资金中所占的比重一般都比较小。

势。对于银行的这种优势，我们还可以从另外一个角度来理解。一般认为，由于直接融资中的普通投资者在企业的股份或债权有限，因而他们倾向于不愿意为行使筛选和监督权利而花费成本，存在"搭便车"问题；而银行作为一个较大的债权人，具有对企业进行筛选和监督的动力和能力，以及直接融资所不具备的能较好地降低交易费用的功能。由此可见，银行信贷融资在中小企业融资中具有十分重要的地位。实际上，从各国的实际经验来看，以银行信贷融资为主要组成部分的间接融资一直都是中小企业的主要融资方式。虽然在发达国家，近年来风险投资、二板市场（二板市场又称创业板市场）的发展使中小企业融资渠道有多样化的趋势，但银行信贷融资仍占中小企业外部融资的大部分比重。

二、信贷融资对我国中小企业的特殊重要性

我国与很多经济转轨国家一样存在着固有的金融结构矛盾，那就是直接融资与间接融资的比例相差悬殊。改革开放以来，我国债券和股票等直接融资发展较快，但在企业融资总量中所占比重仍然偏少，约占融资总量的两成，而银行信贷融资的比重则占据了绝对的优势，约占融资总量的八成。并且在这有限的直接融资资源分配中，国有经济一直是股票市场和债券市场的融资主体，非国有经济（其中大部分为中小企业）总体上仍然较难通过直接融资方式获取人量金融资源。

我国的股票市场经过二十几年的发展已经取得了令人瞩目的成绩，但与成熟的股票市场相比还存在着上市程序繁复、监管不力、欠规范等问题，股票市场还未能成为中小企业融资的主渠道。究其原因，主要是以下三方面：其一，对于主板市场，当初设立股票市场的初衷主要是服务于大型国企的脱困、转制，其上市制度有利于规模大但可能业绩一般的国有大中型企业，而不利于盈利能力强而规模小的民营企业和大量中

小高新技术企业，苛刻的上市标准使大量规模较小但盈利能力较强的企业难以跨越市场"门槛"；其二，多层次股票市场体系仍处于构建推进中，离完善的多层次股票市场的建立尚有一定差距，中小企业上市融资环境未有实质性改善；其三，股票融资的程序过于繁琐冗杂、存在大量的人为调控因素、上市成本较高，也是企业选择股票融资的障碍。

对于我国的债券市场，当前国债和企业债券居于重要地位，公司债券发展滞后，是一个结构很不合理的市场。债券市场结构的不合理，特别是公司债券市场的发展滞后，使很多非国有中小企业缺失了一个重要的融资渠道。在目前的公司债发行方面，由于当前我国债券市场利率没有完全放开，高风险债券难以取得高利率，造成以大企业为主的高评级、低收益债券广受追捧，而以中小企业为主的低评级、高收益债券发行却十分艰难。中小企业发行公司债可操作性有限。近年来，为了缓解中小企业融资难的状况，管理层逐步放开并推出了诸多创新举措和债券品种，比如中小企业集合债、中小企业私募债，但总体来看效果有限。

股票市场和债券市场等直接融资的发展滞后，使得以信贷融资为主的间接融资成为了企业融资的主渠道，中小企业融资也不例外。从2007年到2010年，信贷融资占企业融资的比例分别为78.7%、82.4%、80.5%、75.2%（见表2-2）。由表2-2中数据可知，信贷融资在企业融资中占据绝对地位，虽然企业债融资比重在近两年有明显的上升，但信贷比重仍达到近八成。我国的融资体系非常单一，金融结构的特征表现为银行主导型，企业融资高度依赖银行。实际上，即使我国建立起了完善的、发展良好的资本市场，由于中小企业普遍受信息显示困难、融资成本较高等方面的原因，资本市场也不可能成为中小企业融资的主渠道。

表 2-2　　　　　　国内非金融机构部门融资情况表　　　　单位：亿元

年份＼工具	2007		2008		2009		2010	
	融资量	占比%	融资量	占比%	融资量	占比%	融资量	占比%
贷款	39 205	78.7	49 854	82.4	105 225	80.5	83 572	75.2
股票	6 532	13.1	3 527	5.8	5 020	3.8	6 116	5.5
国债①	1 790	3.6	1 027	1.7	8 182	6.3	9 735	8.8
企业债②	2 290	4.6	6 078	10.1	12 320	9.4	11 713	10.5
总计	49 817	100	60 486	100	130 747	100	111 136	100.0

数据来源：中国人民银行网站（http://www.pbc.gov.cn）2007—2010 年各年度货币政策执行报告。

注：①包含财政部代理发行的地方政府债；②包括企业债、公司债券、可转债、可分离债、集合票据、短期融资券和中期票据，不包括金融企业债。

　　以上分析表明，信贷融资是我国中小企业外源融资的主渠道，信贷融资对我国的中小企业融资具有特殊的重要性，中小企业融资难在我国更多地体现为贷款难，即银行对中小企业的信贷配给。

第三章

信贷配给文献综述和中小企业贷款难理论述评

在 20 世纪 60 年代之前，关于信贷配给形成的理论大多将信贷配给视为经济中的一种暂时的非均衡现象，主要通过分析外生扰动来研究信贷配给现象。从 20 世纪 60 年代开始，学者们开始注重信贷市场当事人在约束条件下的行为分析，对信贷配给的研究也逐步演变为探索商业银行追求自身利益最大化下的微观行为的理论分析。

我们在深入研究中小企业信贷配给问题前，先对信贷配给理论作一些梳理无疑是有益的。梳理的思路以时间为主轴，以是否承认信贷配给是一种的长期均衡现象和是否考虑信息结构对信贷配给的影响为分界线，以先介绍西方理论后介绍国内的相关文献为次序。

基于国内在对中小企业信贷融资的相关研究中，出现"贷款难"一词的频率比"信贷配给"一词的频率要高，因此在进行文献梳理之前，有必要对"贷款难"和"信贷配给"的含义先作简要比较。实际上，贷款难作为一种现象是站在借款人的角度来讲的，在本质上，它与站在贷款人角度（也可以说是站在交易双方的角度）来讲的信贷配给现象是同一事物的两种表现形式。因此，研究贷款难问题和研究信贷配给问题在本质上是同一问题。

第一节　国外信贷配给理论研究

信贷配给是指贷款人基于对风险与利润的考察不是完全依靠利率机制，而是往往为信贷交易附加各种条件，通过配给的方式来实现交易的达成，最终导致有些借款人被排斥在信贷市场之外。传统经济理论以完全信息和零交易费用为假设前提，认为利率机制可以自动调整信贷资金的供求，使市场处于均衡状态，然而现实的信贷市场经常呈现出一种资金供给不能满足资金需求、利率机制无法使信贷市场出清、数量配给经常被采用的现象——信贷配给。对信贷配给内涵的论述有很多，斯蒂格利茨和韦斯（Stiglitz & Weiss，1981）认为信贷配给是指如下两种情形：一种是，在所有的借款企业中，一部分企业可以得到贷款，另一部分企业则被拒绝，被拒绝的企业即使愿意支付更高的利率也不能得到贷款；另一种是，所有的借款企业都能得到贷款，但其数量少于它们所期望得到的。信贷配给现象的存在表明在信贷市场上发挥作用的不仅仅是利率机制，非价格机制也会对信贷市场的均衡起重要作用。

对信贷配给的最早研究可追溯到 20 世纪 50 年代的鲁萨，其后斯卡特（Scatt，1957）、霍奇曼（Hodgman，1960）、贾菲和莫迪里阿尼（Jaffee & Modigliani，1969）等学者也对信贷配给作了深入的理论探索，但是他们的理论主要是基于完全信息的理论框架之下的，总体上缺乏解释力。20 世纪六七十年代以来，信息经济学的发展为信贷配给理论的发展提供了新的契机，逐步形成了现代的信贷配给理论，具有代表性的有：贾菲和拉塞尔（Jaffee & Russell，1976）、基顿（Keeton，1979）、斯蒂格利茨和韦斯（Stiglitz & Weiss，1981）、比斯特和尔维希（Bester & Hellwig，1987）、威廉姆森（Williamson，1987）等。他们的研究成果，特别是斯蒂格利茨和韦斯（Stiglitz & Weiss，1981）的经典文献，为我们建立了一个被广泛推广和应用的信息不对称下信贷配给的分析框架。

一、信贷配给的早期研究

早期对信贷配给的研究没有考虑信息结构对信贷行为的影响，并且把信贷配给作为一种受外部扰动而导致的暂时的非均衡现象加以研究。

　　最早提及信贷配给的是亚当·斯密（1776）①，他在论述法定利率的上限问题时曾涉及了信贷配给问题，初现了对信贷配给现象关注的端倪；19世纪20年代，英国银行学派与通货学派的论战也曾涉及信贷配给问题；凯恩斯在1930年出版的《货币论》也对英国信贷市场中存在的信贷配给现象进行了相关描述②。但是这些早期的学者均没有给出信贷配给形成的微观机制和原因。

　　最早对信贷配给进行较为系统研究的可追溯到20世纪50年代的鲁萨，他（1951）在其所著的《利率与中央银行》一文中首先提出了信用可获性理论（Credit Availability Doctrine），后来很多学者发展了该理论。信用可获性理论是在当时普遍的通货膨胀，引起了人们对货币政策重新认识的背景下提出的，该理论认为贷款者利率供给弹性的高低可以直接决定信用供给的可能量，即决定借款者的信用可获性水平的高低，而货币政策可以通过利率结构变动来影响金融机构的流动性及贷款规模，进而影响整个社会的信用可得性和流动性。可以看出，该理论以政府和制度性约束为假设前提，强调信贷配给现象是某些制度上的制约造成整体信贷供给的刚性约束所导致的非均衡现象，以此来解释贷款利率相对于市场供求变化的明显弹性不足。这一理论的最大缺点是一旦去掉其假设条件，便不可能解释有关信贷配给的任何问题。比如，在现实中有些国家并不存在对利率的政府管制和其他的制度性约束，但是信贷配

---

　　①　［英］亚当·斯密. 国富论——国民财富的性质和原因的研究［M］. 谢祖钧，等，译. 湖南：中南大学出版社，2003：237. 文中写道："……应该看到，法定利息率虽然应该多少高于，但不应该过高于市场最低率。比方说，如果大不列颠的法定利息率规定高达8%或10%，大部分的货币就会放贷给挥霍者和投机商，只有他们会愿出这么高的利息。殷实的人只能以使用货币所获的利润的一部分作为使用货币的报酬，所以不敢参与竞争……"

　　②　［英］凯恩斯. 货币论（下卷）［M］. 北京：商务印书馆，1986：316. 文中写道："……也就是说大不列颠方面对于借款人所持的态度有一种限额分配的传统制度存在，对任何人的放款数额并非只完全取决于他所提供的抵押品和利率，而是同时参考借款人的意图以及他在银行心目中的地位是不是一个有价值的主顾。因此通常总有一批边际未得到满足的借款人……"

给现象还是不同程度的存在，信用可获性理论对此无法做出解释。可见，强调用外生约束因素并从宏观上来解释信贷配给成因的信用可获性理论，其解释能力是非常有限的，信用可获性理论由此也逐渐被淡化。

总体上，在 20 世纪 60 年代之前，关于信贷配给形成的理论大多将信贷配给视为经济中的一种暂时的非均衡现象，主要通过分析外生扰动因素来研究信贷配给现象。而信用可获性理论的失败，使很多经济学家意识到长期的信贷配给现象并不是一种简单的受外部扰动因素引起的非均衡现象，而是一种受多种内部因素制约下的均衡现象，因此不可能在宏观层面上论述清楚，并将其称为"均衡信贷配给"（Equilibrium Credit Rationing）。此后，从 20 世纪 60 年代开始，学者们开始注重对信贷市场当事人在约束条件下的行为分析，对信贷配给的研究也逐步演变为探索商业银行追求自身利益最大化下的微观行为理论分析。

二、完全信息假设下的均衡信贷配给研究

均衡信贷配给是指不是由于货币当局对利率上限的管制，而是出于银行的利润最大化动机而发生的，在一般利率条件和其他附加条件下信贷市场不能出清的现象①。起初对均衡信贷配给的研究也没有考虑信息结构对信贷行为的影响，或者说这一阶段的信贷配给理论也是基于完全信息、交易双方不存在信息不对称的假设之上的。较具代表性的有霍奇曼（Hodgman，1960）、费若摩和戈登（Freimer & Gordon，1965）、贾菲和莫迪里阿尼（Jaffee & Modigliani，1969）等。

霍奇曼（Hodgman，1960）认为，法定贷款利率上限或市场垄断力量导致的利率粘性并不能很好地解释信贷配给现象，因为现实中存在大量借款企业是免于利率上限限制的，同时在信贷紧缩状况下，利率粘性

---

① 王霄，张捷. 银行信贷配给与中小企业贷款——一个内生化抵押品和企业规模的理论模型 [J]. 经济研究，2003（7）.

也是不明显，利率可以在较短时间内上升，因此，从外部扰动角度并不能很好的解释信贷配给现象。对此，霍奇曼从信贷风险对信贷市场出清的影响的角度来分析信贷配给现象。他认为，贷款银行选择合适的贷款项目会考虑多种因素，如利率、风险和长期客户关系的建立所带来的收益等。由此，他试图给出一个与银行收益最大化相一致的、基于收益和风险平衡考虑的市场出清模型。他认为，对于给定的某一信用等级的借款企业，由于投资项目存在着失败的概率，从而借款企业会存在偿还拖欠的可能，在贷款额很小的情况下，贷款损失的可能性非常小，而当贷款额很大的情况下，比如贷款额无限大，则贷款损失是必然的，这样银行的预期损失便是贷款额的增函数。由此他构建了一个风险比率（Risk Ratio），即贷款额与合同期末银行可能得到的本息收入的比值，作为银行是否给予贷款的筛选标准，并且证明：随着贷款额的增加，银行在初期可以通过利率的提升让风险比率控制在合适的水平；但是当贷款额超过某一水平时，银行提高利率无助于增加银行的收益。因为利息收益的增加不足以覆盖贷款额增加所带来的风险损失，因此银行存在一个最优贷款额的问题。在风险控制的考虑下，贷款企业即使愿意出更高的利率，银行也不会扩大信贷额。因为在最优贷款额下，银行可以把贷款损失控制在合适范围内并使收益最大化，银行因此会对借款企业实行一定数量的贷款配额，供给曲线会在某一点上变得垂直，甚至可能反向弯曲。

总之，当银行面对具有固定收益分布的借款人时，收益最大化的动机会促使银行充分考虑信贷风险并存在一个提供信贷供给额的最大上限。由此，霍奇曼的理论解释了所有的借款企业都可以得到贷款，但贷款数量小于他们所期望得到的信贷配给情形。而对于更为普遍的另外一种信贷配给情形，即一部分企业可以得到贷款，另一部分企业被拒绝且被拒绝的企业即使愿意支付更高的利率也不能得到贷款的信贷配给情形，霍奇曼的理论则无法加以解释。

霍奇曼（Hodgman，1960）的理论引起了蔡司和山姆（Chase & Sam B.，1961）、莱德和哈尔（Ryder & Harl E.，1962）和米勒和梅尔

顿（Miller & Meton H.，1962）等人的争论，他们认为霍奇曼的理论虽然对解释信贷配给做出了有益的贡献，但显然没有找到解决问题的真正办法。费若摩和戈登（Freimer & Gordor，1965）认为，霍奇曼的理论存在一个很大的缺陷，那就是他没有为所构建的风险比率（Risk Ratio）可以作为银行筛选项目的一个理想标准给出证明。费若摩和戈登（Freimer & Gordor，1965）试图完善这一基于信贷风险的配给模型，他假定了企业借贷资金以进行投资的两种情形：一种情形是企业拥有一个需要固定投资额的项目，过多和过少的资金投入都是不利的；另一种情形是企业拥有一个无限投资机会的项目，任何规模资金的投入都能得到相应的回报。在第一种情形中，费若摩和戈登建立了一个银行的预期利润是利率、贷款额和投资机会特征的函数模型，通过模型分析认为，当银行最大化他们的利益时，可以达到某一利率水平，在该利率水平上，利率的增加不会增加贷款的数量，信贷配给会出现；在第二种情形中，他们认为利率的增加会增加贷款数量，但是信贷风险是必须考虑的一个重要因素，所以贷款额是在一定风险内增加，这表明贷款数量增加到某一点时也会停止。由此表明，信贷配给是与银行利润最大化行为相一致的，特别是在第一种情形中。

以上从信贷风险的角度解释信贷配给，只能解释所有借款企业都能得到贷款，但其数量少于它们所期望得到的那种信贷配给情形，而贾菲和莫迪里阿尼（Jaffee & Modigliani，1969）试图更为全面的解释信贷配给现象。他们认为，对信贷配给的研究必须考虑三个方面：贷款需求、贷款供给和贷款利率的决定。以往理论的最大缺陷是在于只注重对贷款供给方面的研究，而忽视对另外两方面的研究，因此这种研究所得出的对信贷配给的解释是无法令人信服的。基于这一原因，他们通过把对贷款需求和贷款利率决定这两个因素纳入模型，通过更为细致的分析扩展了原先的理论模型。

贾菲和莫迪里阿尼（Jaffee & Modigliani，1969）通过对信贷市场的贷款需求、贷款供给和贷款利率决定这几方面的分析认为：信贷配给的出现主要是由于银行需要面对某些限制因素，银行在利润最大化的理性考虑下而进行利率控制，从而导致利率调整速度下降，不能够随着市场条件的变化迅速调整而造成，也就是说，信贷配给问题可以简化为银行贷款利率的选择问题。现实中主要有两个因素影响银行的利率选择：其一是时间因素，从长期来看，银行将选择使其利润最大化的利率，但短期内银行不能立即做出调整，这就产生了动态配给（Dynamic Rationing）的问题；其二是信贷市场的竞争结构因素，当银行是垄断者并且能够实施一级差别定价时，银行对每个借款人要求的利率大于（或等于）供需相等时的利率，银行愿意提供的贷款大于（或等于）客户的需求，而当银行由于受各种限制必须对不同的客户收取相同的利率时，银行贷款利率必须介于一级差别定价时各个利率的最大值和最小值之间，该利率可能会使一部分借款人的需求大于供给，而另一部分借款人的需求小于供给，此时，信贷配给便是银行追求利润最大化的理性结果。贾菲和莫迪里阿尼对于信贷配给的这种解释也是不能令人信服的，因为既然利率能够被自由选择，贷款规模可以根据顾客要求而变动，银行为何因限制因素而对不同借款人选择收取相同的利率，对于这种限制因素，银行没有给出一个完全令人满意的解释。

较近期的弗里德和彼特（Fried & Peter，1980）则为分析信贷配给给出了一个新的视角。他们借鉴20世纪70年代新凯恩斯者主义者提出并用于解释劳动力市场工资粘性问题的隐性合约（Implicit Contract）理论来解释信贷配给问题。他们认为，银行和企业除了达成显性合约之外，还会就规避风险、降低交易费用等长远利益达成一些有利于双方长期合作的默契或隐性合约，显然这些隐性合约具有平滑双方诸如利率波动等不确定因素所带来的风险，减少银行选择客户的交易费用等功能。因此隐性合约虽使利率缺乏弹性，但对银行却是有利的，由此解释了银行为什么要信贷配给。

以上几种对均衡信贷配给的研究总体上没有关注或很少关注信息结构对信贷行为的影响，因此这些理论总体上缺乏解释力，其结论也不能令人完全满意。而关于信贷配给更令人信服的解释则是建立在信息不对称的基础上的。

三、信息不对称假设下的均衡信贷配给研究

20 世纪六七十年代，信息经济学尤其是委托代理理论的发展为信贷配给的研究提供了新的契机。自阿伦（Arrow，1963，1968）和阿克洛夫（Akerlof，1970）相继发表了信息经济学开创性的文章之后，经济学家们开始把信息不对称理论引入到对信贷市场的研究，信息不对称会引起信贷市场的行为模式偏离传统理论的观点，也被广泛认识和接受。较早将信息不对称理论引入到信贷市场的学者有贾菲和拉舍尔（Jaffee & Russell，1976）、基顿（Keeton，1979）和斯蒂格利茨和韦斯（Stiglitz & Weiss，1981）等，而斯蒂格利茨和韦斯（Stiglitz & Weiss，1981）的文章不失为一篇经典文献，该文首次系统地从信息结构角度对信贷配给现象进行了全面分析。其后，惠顿（Whette，1983）、比斯特（Bester，1985，1987）、威廉姆森（Williamson，1987）、斯密特默尔（Schmidt - Mohr，1997）等大批学者从各自的角度发展了信息不对称下的信贷配给理论。

贾菲和拉舍尔（Jaffee & Russell，1976）借鉴逆向选择和道德风险对市场失败的解释，将信息不对称导致逆向选择和道德风险的思想引入了信贷市场，建立了一个不完全信息和不确定性下的信贷配给模型。他们把借款人划分为诚实和不诚实两类，主要从逆向选择的角度，通过对借款人、贷款人的行为分析从而对信贷配给现象做出解释。显然，贾菲和拉舍尔的模型存在一些缺陷，如模型假定诚实的借款人在任何情况下都不会违约，不诚实的借款人在任何情况下都会违约，这显然是不合理的。此后，基顿（Keeton，1979）运用信息经济学原理，主要从道德风险的角度研究均衡信贷配给，他对借款人投资项目回报率的累积分布函数做出了一定的限制，即提高借款合约利率就必然降低金融机构的预期贷款回报率，他认为这是道德风险的结果，但没有对具体的影响过程做出说明。这些学者运用信息经济学原理，从不同的侧重点对信贷配给做

了有益的探索，但更为全面和经典的研究则是由斯蒂格利茨和韦斯给出的。

斯蒂格利茨和韦斯（Stiglitz & Weiss，1981）以信贷市场信息不对称为基础建立了具有广泛影响的 S-W 模型。他们认为：在信贷市场上，银行与借款人之间存在着信息不对称，表现为借款人拥有投资项目成功的概率及偿还贷款的条件与动机等私人信息，因而具有信息优势，而银行则处于信息劣势。在这种情况下，如果企业在贷款前向银行隐藏信息，银行在面对按期还贷概率不同的众多借款人时，就难以根据借款企业过去的违约情况、资产状况和贷款用途等相关信息，在事前确定借款企业的违约风险；在企业获取贷款后，银行无法完全控制企业的贷款使用和还贷行为，借款企业有可能不顾风险追逐利润，银行面临贷款违约的风险。由于银行的预期利润不仅取决于贷款利率，而且取决于偿还概率的大小，即贷款的违约风险的大小。因此，虽然利率的提高会使银行的利息收入增加，但由于在信息不对称的条件下可能使贷款的违约风险增加，从而提高利率并不能必然使银行的预期利润增加。其原因在于：利率的提高会使进入信贷市场的借款人质量状况发生变化，低风险的借款人退出市场，借款人的平均风险程度增加，从而可能降低银行的预期收益（逆向选择效应）；与此同时，利率的提高可能诱使借款人选择高风险的投资项目，贷款的违约风险增加，从而降低银行的预期收益（道德风险效应）。实际上，银行的预期收益和利率之间有这样一种非单调关系，起先预期收益随着利率的提高而增加，超过一定的临界水平后，预期收益会随着利率的提高反而减少。这种银行预期收益与利率变化之间的非单调性决定了银行会将利率设定在一个预期利润最大化的水平上，这时信贷市场如果存在超额需求，银行是没有动力通过利率调整使市场出清的，从而出现信贷配给，并且这种信贷配给现象可以作为一种长期的均衡现象而存在。

S-W 模型较好地解释了信贷配给现象，但由于模型设定上的简单化，S-W 模型也不可避免地存在一些局限性。其一，模型将利率作为信贷配给研究中的唯一内生变量，而忽略了其他贷款条件，特别是贷款抵押机制在信贷配给机制中的作用。在 S-W 模型中，抵押机制仅仅作为银行防范借款人事后道德风险的一种保险机制，而实际上抵押机制完全可能成为信贷配给的内生决策变量，这也成为了以后很多学者对信贷配给研究中的一个重要内容。其二，S-W 模型没有考虑银行的审查能力及其成本等问题，以后的学者，特别是威廉姆森（Williamson，1987）在这方面做了有益的补充。虽然 S-W 模型存在一些不足，但作为一个新的研究框架其地位是相当重要的。此后，许多学者在 S-W 模型的基础上，通过放宽或改变假设条件，对信贷配给问题作了更深入和细化地研究，发展了信贷配给理论。

惠顿（Whette，1983）改变了 S-W 模型中关于借款人风险厌恶的假设条件，研究了抵押机制在信贷配给中的作用，证明了借款人在风险中性的条件下，银行增加抵押品要求和银行提高利率一样可能会导致逆向选择，银行的抵押品要求同利率一样可以成为信贷配给的内生机制。斯蒂格利茨和韦斯（Stiglitz & Weiss，1985，1987，1992）扩展了原有的 S-W 模型，对抵押机制在信贷配给中的作用做了进一步研究。他们认为，抵押和其他非价格机制不能消除信贷配给的可能。他们认为，虽然增加抵押要求可以降低借款人的冒险动机，从而增加银行的收益，但是增加抵押要求也会导致逆向选择，当银行提供利率和抵押组合要求的一系列信贷合约给潜在的借款人时，仍会受到逆向选择和道德风险的影响，信贷配给仍是可能存在的。

对于抵押，不少学者也提出了相反的结论。比斯特（Bester，1985，1987）进一步研究了抵押机制在信贷配给中的作用，他认为，银行能够同时利用抵押品和利率作为分离贷款项目风险类型的筛选机制，即银行可以通过企业对抵押品数量变动的反应敏感程度来区分高风险和低风险的贷款项目。他认为，一系列激励相容的信贷合约是存在的，通过利率和抵押机制分离均衡会使信贷配给不发生，前提是借款人能够提供足额的抵押。陈和卡纳塔斯（Chan & Kanatas，1985）认为当借款人和贷款人之间对项目的收益有分歧时，抵押将会提供一个信号，因为低风险借款人会提供更多的抵押，而高风险借款人则不会提供更多的抵押。贝赞可和塔科尔（Besanko & Thakor，1987）也提出了相似的结论，当利率和抵押结合考虑时，在竞争市场中配给是可以消除的。这一系列的研究表明，贷款人能够通过设计一些更为复杂的信贷合约来分离大部分或全部借款人类型以消除信贷配给。然而，在真实的经济环境中，分离出所有的相关信息极其复杂，因此分离均衡的实证研究和理论研究存在明显的差距（Leeth & Scott，1989；Berger & Udell，1990）。并且我们不难发现，这些理论还有一个很强的前提约束，即借款人要能够提供足额的抵押。

威廉姆森（Williamson，1987）从另一个角度进一步放松了 S-W 中的假设条件，该模型不涉及事前的逆向选择和道德风险问题，而是从事后合约双方信息不对称导致监督审查成本（Monitoring Cost）的存在性入手进行研究，得出信贷配给依然可能存在的结论。威廉姆森认为，银行和借款人都可能具有动力解决信息不对称问题，允许银行识别和分类借款人，以便银行能够在每个风险类别中收取市场出清时的利率，从而不必担心事前的逆向选择和道德风险问题，在威廉姆森的模型中，道德风险主要来自关于项目收益的事后信息的不对称性。他假定借款人的项目投资收益是私人信息，银行想获取这些信息必须承担一定的监督审查成本，分析发现，事后道德风险导致的监督审查成本同样可能产生与 S-W 模型相似的信贷配给。不同的是，在威廉姆森的模型中，受到信贷配给的是那些花费银行更高监督审查成本的借款人，而在 S-W 模型中，受到信贷配给的借款人是随机的。

施雷夫特和韦拉米尔（Schreft & Villamil，1992）把贷款额度纳入了对信贷配给的分析，他们认为在不完美信息和不完全竞争下，利润最大化的贷款人会通过限制贷款额度来实施信贷配给。在他们的模型中，小企业比大企业更容易遭受信贷配给，小企业最终只能获得比它们所期望的更少量的贷款。

斯密特默尔（Schmidt-Mohr，1997）综合了前人的研究并建立了自己的信贷配给模型。在默尔的模型中，贷款项目被假设在技术上是可分的，并引入了广泛的风险中性假设，从而不仅使抵押品而且使贷款额度成为银行和企业的内生决策变量。在模型中，由于放松了借贷双方的风险类型假设，从而内生化了利率、抵押品、贷款额（通过假设贷款额在技术上可分），并分别建立了垄断及竞争两种信贷市场结构下的均衡解。默尔认为，当借款人为风险厌恶时，贷款额是可以充当风险类型的分离装置（Sorting Device）的。另外，默尔通过分析在竞争性市场和垄断性市场中完全信息和不完全信息情况下信贷配给的差别，认为贷款数量配给和信贷风险自我选择（Self-selection of Risks）常常并存在于信贷配给均衡之中。默尔模型的主要贡献是在于通过假设贷款额度的技术可分性，使得贷款额度成为内生决策变量进入均衡信贷配给中，但该假设并不符合实际情况，这也恰恰成为了模型的不足之处。事实上，银行是不可能完全接受贷款额度的技术可分性的，这是因为银行对贷款的事前审查和事后监督都是有成本的，这两种成本基本上都是固定成本。利润最大化的银行显然是不可能为贷款收入小于其审查和监督成本的项目提供贷款的。实际上，随着贷款额度的增加，在开始阶段银行的单位固定成本显然是趋于下降的，因此银行的贷款收入在开始阶段会是贷款额度的增函数，从而银行是会设定一个贷款的最低额度标准的。

以上基于信息不对称下的均衡信贷配给理论构成了现代信贷配给理论的主要内容，综合这些学者的研究可见，信贷配给现象的存在是源于银行和借款人之间的信息不对称而造成的信贷市场上的逆向选择和道德风险，以及企业事后的道德风险导致银行监督审计成本的存在等原因。同时，尽管银行可以通过对利率、抵押要求、甚至贷款额度进行不同的组合搭配，以改变均衡信贷配给的一些具体特征，在一定程度上降低信贷配给的程度，但是信息不对称下的信贷配给作为一种长期存在的均衡现象显然是难以排除的。

四、简要评述

综合对国外信贷配给理论各阶段的分析表明，信贷配给理论的发展经历了两个明显的分界线：其一，是否承认信贷配给是一种长期的均衡现象；其二，是否考虑信息结构对信贷行为的影响。现代信贷配给理论既承认信贷配给是一种长期的均衡现象，同时又把信息结构纳入其分析框架，因此这些理论对信贷配给的解释具有了更为充分的说服力。

以上国外理论一般性地对信贷配给理论进行了探讨，而国外直接研究中小企业信贷配给的相关理论则主要是在 20 世纪 90 年代以后大量涌现的，这些理论的涌现是在 20 世纪 80 年代以来的银行业并购浪潮使得中小银行的数目明显减少，银行业呈现集中化趋势，从而影响中小企业信贷融资的背景下产生的。关于这些理论，我们会在第七章研究中小银行时作相关介绍。

第二节　国内中小企业贷款难理论述评

国内对信贷配给理论进行基础性研究的文献不多，很多文献主要是结合我国的经济体制、经济改革与经济运行特征等相关背景，运用西方信贷配给理论对我国中小企业贷款难问题进行研究，并提出一些政策建议。显然，这类研究是属于一种借助西方理论解决中国问题的应用型研究，信贷配给理论并未成为这类文献的研究对象。虽然国内文献鲜有对信贷配给理论进行基础性研究，但国内针对中小企业贷款难问题的研究方面，学者们紧密结合国情，因此不少文献也具有较强的操作性和参考价值。对此，国内学者站在不同的角度给出了不少有益的阐释和见解，虽然观点各异，但根据视角和侧重点不同，大体上可归纳为：银行市场结构论、所有制歧视（摩擦）论、企业规模歧视论、外环境缺陷论四种。

一、银行市场结构论

所谓银行市场结构论，是说我国商业银行的市场结构具有明显的垄断特征，以四大国有银行和大型股份制银行为代表的大银行占据了太多的金融资源和太大的市场份额，由于大银行在向中小企业融资中并不具备有效缓解银企间信息不对称以及降低交易费用方面的优势，从而缺乏向中小企业贷款的积极性，我国大银行主导的市场结构导致了中小企业贷款难。

林毅夫、李永军（2001）分析指出，大型金融机构天生不适合为中小企业服务，而我国的中小企业金融机构发展又严重滞后，这种银行结构和企业结构的严重不匹配不可避免地造成了我国中小企业的融资困难。其理由在于：一方面是由于中小企业与大企业在经营透明度和抵押条件上的差别，以及单位贷款处理成本随贷款规模的上升而下降等原因，金融机构会在经营中将中小企业与大企业区别对待，一个典型的结果就是，大型金融机构通常更愿意为大型企业提供融资服务，而不愿为资金需求规模小的中小企业提供融资服务。另一方面是由于中小金融机构与大型金融机构形成了鲜明的对比，他们的经营取向不同，中小金融机构则比较愿意为中小企业提供融资。这除了因为其资金少、无力为大企业融资外，主要是因为中小金融机构在为中小企业提供服务方面拥有信息上的优势。由于不同的金融机构给不同规模的企业提供金融服务的成本和效率是不一样的，因此在综合考虑各种因素之后，大力发展和完善中小金融机构是解决我国中小企业融资难问题的根本出路。

张捷（2002）从关系型贷款①的角度同样得出了发展中小银行有助

---

① 关系型借贷：银行的贷款决策主要基于通过长期和多种渠道的接触所积累的关于借款企业及其业主的相关信息而作出。

于解决中小企业融资难问题的结论。他的理论基础主要是继承了博格和乌代尔（Berger & Udell，2002）对各类贷款技术的区分和对小银行的关系型贷款优势的分析。他介绍了银行为有效缓解金融交易中的信息问题的四种贷款技术，即财务报表型贷款、抵押担保型贷款、信用评分技术和关系型贷款。前三种技术所涉及和生产的主要是易于编码、量化和传递的"硬信息"（Hard Information），而关系型贷款所涉及的主要是难以量化和传递的"软信息"（Soft Information）。中小企业由于自身特点在提供硬信息上存在困难，而通过关系型贷款，由长期关系所产生的各种软信息在很大程度上可以替代财务数据等硬信息，有助于降低中小企业融资中的信息不对称，从而改善其不利的信贷条件，因此无论在发展中国家还是发达国家，关系型贷款均被作为解决中小企业融资问题的一种重要手段。在此理论基础上，他通过建立一个权衡信息成本和代理成本的组织理论模型，证明了中小银行在关系型贷款中具有优势，从而认为发展中小银行有助于解决中小企业的贷款难。

李志赟（2002）建立了一个垄断情形下的信贷模型，通过深入分析信息不对称下银行市场结构与中小企业融资之间的关系指出：中小企业的非匀质性、贷款抵押和交易成本是影响中小企业从银行获得信贷的三个主要因素。缓和信息不对称程度、增加贷款抵押、降低交易成本都将使中小企业得到的信贷增加，并论证了在我国银行业高度垄断、"资本相对过剩"的经济中，引入中小金融机构将使中小企业得到的信贷增加，并且得出中小金融机构的信息优势、机构数量和中小企业的融资总额之间存在着正向关系的结论。因此他认为解决我国中小企业融资难的根本办法，从长期来讲，应该放松银行业的准入限制，发展地方中小银行，完善城市和农村信用合作社，建立一个以中小金融机构为主体的金融体系，这才能从根本上解决中小企业融资难问题。

总之，以上学者虽然在研究方法和所站的角度有所不同，但是他们的结论却是基本一致的，即大银行一般不能很好地解决中小企业贷款的交易费用和信息不对称问题，而中小银行在这方面无疑是具有一定优势的。由于我国当前商业银行的市场结构具有明显的垄断特征，中小银行发展明显滞后，从而导致中小企业的融资困难。因此，大力发展中小银行成为了解决中小企业贷款难的题中之意。

二、所有制歧视（摩擦）论

所谓所有制歧视（摩擦）论，是说主导我国金融资源的国有商业银行，由于在所有制特征上存在对非国有经济天然的制度歧视，或者制度设计上天生就适合为国有经济融资，从而导致中小企业（它们大多属于非国有经济）的融资困难。

认为由于银行和企业的所有制差异而导致中小企业贷款难的观点，大多流行于 20 世纪后期及本世纪初。所有制歧视论的理论依据大体可归纳为三点：其一，由于国有企业与国有商业银行的控制权均掌握在政府手中，因而国有企业的不良贷款对双方当事人缺乏实质性的责任认定，使得国有银行乐意向国有企业（主要为大企业）贷款；其二，国有金融体制在制度设计上就适合于为国有经济融资，而不适合为在渐进式改革中崛起的民营经济（主要为中小企业）融资；其三，国有企业担当着较重的社会稳定、经济增长与就业的任务，政府部门不愿看到国有企业因资金缺乏而造成大量失业，从而不利于经济发展和社会稳定的现象出现，因此在利益主体同属于政府的前提下，政府可能会干预国有银行，要求其更多地向国有企业贷款，而非国有企业则相对较难获得贷款。

纯粹的所有制歧视真的很重要吗？近年来不少学者对此提出了质疑。张捷（2003）通过实证检验表明，企业所有制的差别与贷款比率之间基本上不存在相关性，这表明所有制歧视并不是中小企业贷款难的主因[①]；罗正英（2005）根据对苏州地区中小企业获取贷款难易程度的调查显示，获得贷款相对较难的是国有和集体企业，相对较容易的是中外合资企业，而私营企业处于两者之间，这也表明，至少在发达地区所有制歧视并不是中小企业贷款难的主要原因。

张杰（2000）属于"摩擦论"者（或称体制摩擦论），他认为将小的民营企业需要小的金融机构来支持的设想只是一种机械搭配。他重点从民营经济（主要是中小企业）和国有企业融资机制的差别上讨论中小企业信贷融资的困难问题。他认为，民营经济作为渐进式改革的一种内生现象，其金融困境源于国有金融体制对国有企业的金融支持和国有企业对这种支持的刚性依赖，民营经济一时无法在国家控制的金融体制中寻求到金融支持。事实上，国有金融支持很难与预算硬约束的民营经济建立联系，它原本就是由预算软约束的国有经济内生出来的。其要害在于，在软的预算约束条件下，国有金融与国有企业的金融沟通依赖于国家自上而下建立的纵向信用联系，而就民营经济而言，在硬的预算约束条件下，其金融支持则需要通过一种横向的信用联系来实现。显然，民营经济的金融困境不能指望通过在国有金融制度与民营企业之间建立某种直接联系来突破。因为，如果那样的话，软的预算约束因素便会被引入。由此认为，突破民营经济金融困境的根本出路既不在于改变国有银行的信贷行为与资金投向，也不在于由政府出面培育多少外生性的中小金融机构，更不在于给其提供进入股票市场的方便，而在于营造内生性金融制度成长的外部环境，国家的政策导向应该主要着眼于培育适合民营经济特性的金融中介机构，只有内生性金融制度的存在和发展才不至于损害民营经济可贵的内源融资基础。

显然张杰是赞成发展民营银行的，徐滇庆、巴曙松等人也持相同的

[①] 张捷. 结构转换期的中小企业金融研究——理论、实证与国际比较 [M]. 北京：经济科学出版社，2003：81.

观点并大力倡导发展民营银行。徐滇庆等人（2002）指出：国有银行把 70%以上的贷款给了国有企业，明显地忽视了广大的非国有企业，特别是对小企业的支持力度不够；虽然国有银行网点众多，但事实上国有银行根本就没有本事来包揽一切金融业务，在许多地方，民营企业借贷无门，不得不求助于地下非法高利贷。这恰恰说明，在中国民间的金融需求没有得到充分满足，民营企业的融资渠道尚未畅通；与其继续堵截非法金融活动，不如干脆把这些民间金融活动纳入正常的轨道，通过创建民营银行的方式疏通中小企业的融资渠道。

三、企业规模歧视论

对于因所有制歧视而建议发展民营银行，以及由于对中小企业贷款的信息不对称和交易费用等原因而建议发展中小金融机构的观点，理论界也有一些批评意见。李扬（2002）① 就明确不赞成“大对大，小对小，公对公，私对私”的逻辑，他认为“中小企业缺乏融资渠道就要发展小银行，私的企业没有融资渠道就要发展私的银行”是具有“形而上学”的味道了。事实上，在实际经济运行中，只要是有市场、有效益而且风险可以衡量并控制的企业或项目，其贷款需求基本上都能得到满足；相反，在有些地区，有些银行甚至出现了对国有制企业的歧视问题，因为在它们看来，国企就是赖账的代名词。另一方面，无论是大银行还是小银行，无一例外地都办大贷款，在这方面，小银行由于其资金规模相对较小，办一笔大贷款对其效益的贡献更为明显，向大企业贷款的冲动也就更大。

李扬（2002）认为，对于中小企业贷款难的问题并非出在银行市场结构、所有制歧视等问题上，而是在于规模歧视。因为，与大企业相

---

① 李扬. 拨开迷雾——著名经济学家李扬谈中小企业贷款难 [J]. 银行家，2002（10）.

比，中小企业由于规模小，其经营活动就相对不规范和不确定，不规范则信息不对称程度就高，阻碍了银行向中小企业的贷款；另外，不确定则风险就大，对于高风险企业，传统的金融体系是很难支持的，由此造成了银行对中小企业的规模歧视，造成了中小企业贷款难。李扬由此强调发展中小企业金融支持体系的重要性，如发展为中小企业服务的资本市场、合作性金融机构等，并特别强调了合作金融在收集信息中的特殊优势。但让人费解的是，李扬一方面不赞成"大对大，小对小，公对公，私对私"的逻辑，另一方面又鼓励发展合作金融，难道他心目中的合作金融都是大金融机构吗？

另外一种比较新颖的分析方法是从行为金融学角度，运用展望理论加以阐释的（殷孟波、贺国生，2003），其理论结果则很好地支持了规模歧视的观点。他们认为，尽管在信息充分以及贷款人纯粹由理性趋利支配的条件下，大银行应该选择分散贷款给中小企业，以分散风险，但在信息不完备情况下，贷款人并不能准确把握贷款对象的还款行为，也就是无法精确预期正常收回和贷款不能收回的真实概率，于是在贷款人的心理和情绪支配下，倾向于把大企业不能还款的极小概率视为不可能发生的事件，从而忽略了贷款集中的风险，同时贷款人还倾向于把中小企业不能还款的很小概率夸大，从而夸大了中小企业不能还款的风险，这实质上是一种规模歧视，于是"理性"（感觉理性但事实上非理性）地把贷款集中给大企业。因此，信息不对称条件下的贷款人非理性，造成了贷款向大企业集中，羊群效应更加剧了这种现象。由此可见，如何克服中小企业在贷款市场上的信息不对称，是解决贷款集中问题的关键，也即是解决中小企业贷款难症结的关键所在。由于这种观点并没有推定中小金融机构在解决信息不对称方面具有特殊的优势，而是与大银行一样根据展望值的大小以及受羊群效应的影响而行事，因此，大力发展中小金融机构并非其必然的题中之意，而解决中小企业信息不充分问题才是关键。

四、外环境缺陷论

有关这方面的见解，散见于各类文献中，其分析方法和观点大体如下：通过对我国当前的中小企业信用支持体系（特别是担保体系），以及对我国中小企业金融生态环境（特别是信用环境）等方面的分析，认为，信用支持体系的不完善或发展滞后，以及不容乐观的金融生态环境的原因，加大了中小企业信贷市场的交易费用和信息不对称，从而加剧了中小企业贷款难问题。

完善的中小企业信用支持体系应该包括信用担保体系、信用征信评估体系等多个方面。其中，中小企业信用担保体系显然又是其最重要的组成部分。实际上，努力构建一个完善的信用担保体系是世界各国缓解中小企业贷款难问题的通行做法之一。由此很多学者通过对我国信用担保体系剖析，认为由于我国担保体系的发展滞后或不完善，使得很多中小企业无法借助信用担保体系获得合理的信贷要求。同时，学者们还通过对金融服务效率的剖析，从企业在抵押或担保贷款过程中实际承担的货币成本和时间成本的角度，认为由于企业在贷款过程中需要支付过多的资产评估费、抵押登记费、公证费、咨询费以及公关费等，使得中小企业实际获得贷款的成本相当高，加之抵押担保贷款的登记、评估等手续复杂、环节多，而中小企业生产的季节性一般较强，过长的贷款周期无法满足中小企业生产的需求，从而导致中小企业贷款难。

对于信用环境等问题，理论界讨论的也比较多。信用作为约束经济行为的一种人们应共同遵循的道德准则，一旦乏力，就必须借助制度的力量来维系。目前，与我国经济快速发展极不对称的是信用管理体制很不健全，信用环境令人忧虑，加之中小企业市场竞争风险大，缺乏有效的资产抵押和信用担保，贷款缺乏安全感，进而遏制了金融机构对中小企业信贷服务的动力，制约了中小企业的进一步发展。

可见，由于不良的信用环境，信用支持体系的不完善，特别是中小企业贷款担保体系的落后，阻碍了银行向中小企业贷款。因此，解决中小企业贷款难问题，完善外部环境也是一种重要途径。通过创建中小企业信用等级评估体系，建立中小企业信用担保机制，完善金融配套措施，改善金融生态环境等途径，也必然能够在一定程度上缓解中小企业贷款难问题。

五、简要评述

以上的各种观点均能在不同程度上解释中小企业贷款难成因，并给出了各自的政策主张，但在体制障碍不断打破、管制不断放松、金融环境不断改善、银行改革不断深化的当前，有些观点也具有一定的偏颇之处，其现实意义还有待检验。当然，除了以上提及的观点，还存在很多造成中小企业贷款难的因素。例如，有些学者还从银行不断强化市场化的资产负债风险管理的角度指出：由于银行把清理金融资产、降低不良贷款作为工作重点，普遍上收回集中了信贷管理权限，在资金核算与风险控制方面，集中资金投向大城市、大企业、大客户、大项目，这也在一定程度上造成了中小企业的贷款难（毛晋生，2004）。

无论学者站在什么角度分析问题，纵观各种观点，我们不难发现，对于降低银企间的信息不对称程度等问题上，理论界的认识是基本一致的。因此，信息问题以及由此衍生的或与此相关的一系列问题，如融资中的交易费用等问题，必然是研究中小企业贷款难问题的核心。

第四章

信贷配给再探索
——"租值耗散—交易费用" 框架

对于信贷配给成因研究，国外的理论成果已经相当丰富，特别是以 S-W 模型为代表的建立在信息经济学基础上的现代信贷配给理论是比较令人信服的。本书并不在于挑战这些理论，而是从"租值耗散"与"交易费用"这样一个全新的视角重新审视和分析信贷配给，并运用这一视角剖析我国中小企业的信贷配给问题。

在经典的信息充分、交易费用为零的瓦尔拉均衡世界中，价格机制可以使市场出清。然而，现实世界是信息不充分，特别是信息不对称现象在交易双方中普遍存在，交易费用不仅存在而且高昂，于是非瓦尔拉均衡反而是一种常态。在这种情况下，除了价格机制以外的其他机制（如数量配给）就会发生作用以实现事后均衡。信贷配给现象即是一种典型的非瓦尔拉均衡现象。

信贷配给本质上是对价格机制的部分否定，表现为政府或银行主动对利率的向下控制，从而无法通过单纯的价格机制使信贷市场出清。对于信贷配给的成因研究，国外的理论成果已经相当丰富，特别是以S-W模型为代表的建立在信息经济学基础上的现代信贷配给理论是比较令人信服的。本书并不在于挑战这些理论，而是从"租值耗散"与"交易费用"这样一个全新的视角重新审视和分析信贷配给，并运用这一视角剖析我国中小企业信贷配给问题。

第一节　租值耗散和交易费用的相关理论

一、公有产权和租值耗散

租值耗散理论可以追溯到庇古（A. C. Pigou）在 1920 年出版的《福利经济学》（The Economics of Welfare）中给出的那个著名的公路例

子。该例子说的是有两条公用的公路从一个城市通向另一个城市。一条较宽但路况较差，一条较窄但路况很好，在不堵车的情况下后者的驾车时间短于前者，但由于人们竞争性地选择后一条公路而导致堵车，最终在均衡点上（不考虑舒适程度），选用两条路的驾驶时间会相同。庇古认为政府应该对使用"好"路的车辆征税而使部分车辆改用不堵车的"差"路，这样社会的整体福利会增加。显然，庇古的用意是用来说明社会成本和私人成本存在分离的问题，他认为这是市场的失败，政府要进行干预，但例子中已经有了公有产权导致租值耗散的雏形。

1924 年，奈特（Knight）对这一问题重新解读，认为引起"好"路堵车的原因是在于产权公有，这使得原本在私有产权下有租可收（征收过路费）的租值由于产权公有，在驾车者竞争使用下，用堵车的时间所值代替了租值，租值就耗散了。奈特之见在于，没有市场（不收费）是因为没有私有产权，所以整个问题不是市场的失败，而是政府不推行私有产权的失败。

奈特已经较明确地给出了公共产权导致租值耗散的概念，但是"租值耗散"（Dissipation of Rent）这一词的真正提出还要归功于戈登（Gordon，1954），他在公海渔业的经典例子中提出公有产权（Common Property）会因为竞争使用者过多，增加捕鱼劳力的总成本，而使应有的租值下降为零，也即导致租值耗散。与此相似，博顿利（Bottomley，1963）分析了土地公有对的黎波里资源配置的影响，并得出了公共产权使得土地应有的租值大幅度下降；德姆塞茨（Demsetz，1967）从外部性的角度分析了 18 世纪初加拿大东部印第安人对海狸的捕杀，随着人们对海狸需求的上升，对海狸的产权界定非常必要，否则海狸资源将枯竭；哈丁（Hardin，1968）则分析了公共牧场的租值耗散问题。

二、产权界定、公共领域、价格管制和租值耗散

奈特、戈登等人对于租值耗散的研究仅限于纯粹的公有产权，他们

对产权的划分似乎是纯粹的二分法：要么是公有，要么是私有。其结论是公有产权必然导致租值耗散。那么产权能够精确界定吗？如不能，那么没有精确界定的私有产权会导致租值耗散吗？对此，巴泽尔、张五常等人的研究则更深入了一步。

巴泽尔（Barzel，1974）认为，产权的界定和界定产权的交易费用密切相关，一项资产具有许多属性，由于要全面测量这些属性的费用极大，因此也就不可能全面或完全精确的界定该项资产的产权。可以说，获得全面信息的困难有多大，界定产权的困难就有多大。在交易费用的钳制下，资产所有者往往会发现，对资产的各种属性进行全面的认识和界定而得到资产的全部潜力是得不偿失的。由此，对于一项产权未能被精确界定的资产，总是有一些财富溢出进入公共领域（Public Domain）①。例如，影院的座位总是存在一定程度的优劣之分，对于一家统一定价出售电影票的影院②，这相当于把优劣座位的差价置于公共领域，观众可以通过提前进入影院等方式攫取这部分财富。而对于置入公共领域的财富，他人在竞争性攫取时往往需要相应的资源耗费（如排队等候等），这导致租值耗散。

进而，巴泽尔在对价格管制的分析中认为，价格管制实际上导致商品的部分价值置于公共领域。巴泽尔以 20 世纪 70 年代美国汽油价格管制为例，给出了一个"排队配给"（Rationing by waiting）模型，认为，价格管制导致汽油产权部分地被置于公共领域中，在所有权确定之前它是没有价值的，为取得这部分权利，一般来讲总是要花费一定的资源，当价格不再是一个有效的手段时，排队就被用来确定对未被拥有部分的权利。加油者会根据个人时间价值的不同付出一定的时间，对他来说只

---

① 张五常称之为"非专有收入"，即无主收入。

② 当优劣座位的差价较小，并且监督等相关交易费用相对较大时，采用统一定价是合理的；当然，当这种差价较为可观，从而充分界定这部分产权有利可图时，差别定价也是自然的了。也既是说，当人们愿意为置于公共领域的权利支付更高的价格时，更加明确界定权利的收益就会增加，从而所有者也就更有动力去更加明确地界定产权的这一属性。

要商品的边际价值大于其边际成本，他就会继续参与排队。最终的情况是，供给方面，政府提供一定的商品；需求方面，用以交换的不再是单一的货币，而是货币和时间的结合，并达到均衡。显然，在排队配给中，花费在排队上的资源并不能被别人得到，也就是说这部分租值是耗散了。

进一步的，巴泽尔（Barzel，1974）和张五常（Cheung，1974）认为并非所有置入公共领域部分的租值都会全部耗散，交易双方会有相应的约束调整过程，因此置入公共领域的租值会通过约束调整过程使得租值耗散将是约束条件下的最小值。这是由于在价格管制下，排队的存在表明存在绕过排队的潜在收益。对于加油站，对付价格管制从而降低由其带来的损失的办法，可以采用诸如把汽油和其他不受价格管制的商品（这种商品可能加价）一起销售的方法来攫取部分置入公共领域的财富；而对于消费者，只要商品的加价幅度小于其排队的时间成本，他们就会愿意接受这种安排以绕过排队，最终的结果是消费者也攫取到了部分置入公共领域的财富。这实际上可归结为一种"隐性的价格机制"，这种机制使得交易双方各自分割到了部分置入公共领域的财富（不妨称之为"租值分割"以区别纯粹的"租值耗散"），使纯粹的租值耗散程度大大降低，并达到约束条件下的最小值。

由此可见，巴泽尔的排队配给模型可以总结为这样一个逻辑过程：

价格管制→部分财富置入公共领域→隐性的价格机制和非价格机制的采用→隐性的价格机制使置入公共领域的部分财富在交易双方得到了分割，而非价格机制则导致纯粹的租值耗散。

对于非价格机制导致租值耗散的问题，张五常（2001）做了更加形象的描述："这是因为以市价为准则，出价的人拿出来的代表曾经生产或服务的收入，钱的来源对社会有贡献，而收钱的人也获益。但如果竞争的准则是先到先得，要赶早排队轮购，排队花去的时间是成本，是社会的资源支付，但可没有对社会有贡献的产品造出来。排队的时间所值代替了物价，这部分是租值耗散。"他认为，在众多的准则中，只有价格准则没有传统所说的浪费，任何其他准则在某种程度上均会引起租值耗散。[①]

苏恩（Suen，1989）认为，采用非价格机制配置资源导致租值耗散的原因在于：一方面，资产没有被配置到对该资产评价最高的用户手中；另一方面，在竞争性获取配给资产的过程中导致了真实资源的耗费，而不是财富的转移。

三、交易费用相关理论

交易费用（Transaction Costs）的思想源自于科斯的《企业的性质》[科斯（Coase），1937]，该文引入了交易费用的概念来解释企业存在的原因。在《社会成本问题》（Coase，1960）中，科斯把交易费用的思想进一步具体化了，该文指出，"为了执行一项市场交易，有必要发现和谁交易、告诉人们自己愿意交易以及交易条件是什么，要进行谈判、讨价还价、拟定契约、实施监督以保证契约条款得以履行等"[②]。概括来看，科斯所定义的交易费用是指利用价格机制的成本，它包括为完成市场交易而花费在搜寻信息、进行谈判、签订契约等活动上的成本。随后，大批学者发展和丰富了交易费用理论，但对于交易费用的内涵和外延至今未能形成一个明确的界定。

阿罗（Arrow，1969）最先使用"交易费用"这一术语，他将交易费用定义为"经济制度的运行成本"，包括"信息成本和排他性成本，设计公共政策并执行的成本"。达尔曼（Dahlman，1979）从缔约过程来说明交易费用，他认为交易费用包括：了解和信息成本，讨价还价和

---

① 张五常. 经济解释 [M]. 香港：花千树出版有限公司，2006：117.

② 科斯. 论生产的制度结构 [M]. 盛洪，陈郁，译. 上海：三联书店上海分店，1994：157.

决策成本，执行和控制成本。威廉姆森（Williamson，1985）将交易费用细分为事前的和事后的交易费用。事前的交易费用包括起草、谈判和维护一项协议的成本。事后的交易费用包括：当交易偏离了所要求的准则而引起的不适应成本；倘若为了纠正事后的偏离而做出双边努力，由此而引起的争论不休的成本；伴随建立和运作管理机构而带来的成本；使安全保证生效的抵押成本。他认为，交易费用的存在是由于以下三个因素：有限理性、机会主义和资产的专用性。诺斯（North）从生产过程来说明交易费用。巴泽尔（Barzel）明确将交易费用概念与产权概念联系起来，他将交易费用定义为"与转让、获取和保护产权有关的成本"[①]。张五常从一般意义上定义交易费用，"广义上，交易费用是鲁宾逊的一人世界不可能有的费用"[②] 等。

我们不难看出：关于交易费用的定义，各个学者均从自身研究视角的需要加以界定，未能形成一个统一的界定，但我们还是可以从狭义和广义两个层次来理解。狭义的交易费用就可以定义为科斯（Coase）的定义，即交易费用就是利用价格机制的费用，它包括为完成市场交易而花费在搜寻信息、进行谈判、缔约成本、监督履约情况的成本、可能发生的处理违约行为的成本。广义的交易费用可以理解为张五常的定义。基于本书研究的需要，本书对交易费用的定义和考察，主要结合科斯和威廉姆森的定义，即交易费用无非就是交易前、交易中和交易后的各种与交易有关的成本。

---

① 巴泽尔. 产权的经济分析 ［M］. 费方域，段毅力，译. 上海：上海三联书店，上海人民出版社，1997：3.

② 张五常. 经济解释 ［M］. 香港：花千树出版有限公司，2006：144.

第二节　信贷配给——租值耗散和节约交易费用

一、信贷产品的产权界定

　　一项资产的产权是多种权利的组合，产权是一个结构。资产的产权由消费这些资产、从这些资产中取得收入和让渡这些资产的权利或权力构成。信贷产品作为一种资产也是多种权利的组合。银行运用和让渡资产取得收入需要通过交换。为了在交换中获取最大的收益，银行必须对信贷产品的相关属性进行合理界定，比如在对某个企业发放贷款时银行必须合理确定信贷产品的额度、期限、利率以及抵押要求等。以利率为例，利率的确定和资金供求状况、贷款企业的相关信息和银行的相关成本等因素息息相关。由于信息成本的存在，精确界定这一属性的交易费用实际上是大得令人望而却步的。因此信贷产品的产权界定也不可能是完全的，部分财富总是不得不被置于公共领域。也就是说，银行在高昂交易费用的约束下，不得不放弃对部分权利的行使，置部分产权于公共领域。

二、信贷配给与租值耗散

　　在不考虑政府对利率管制的条件下，信贷配给实际上是银行主动对利率进行控制的结果。这种控制虽然是由银行主动做出的，但其后果和政府的利率管制相似，那就是利率控制会导致信贷市场无法通过价格机制出清。我们已经知道，信贷产品的产权界定本来就不可能是完全的，而这种对贷款利率的控制必然导致更多的财富被置于公共领域。企业意愿出价和控制价格的差额就构成了置于公共领域的租值，企业及相关机构和人员有攫取这些租值的动机。从相关文献资料以及对信贷市场的实际调研来看，租值分割和耗散主要通过以下几种方式进行：其一，银行通过向中小企业要求额外的贷款条件，如补偿性余额、存一贷二等①，在银行和企业间分割租值，通过这些额外的贷款条件，很明显银行可以分割到部分租值，而企业只要由此带来的机会成本小于由此节约的排队成本，这种安排也是可以接受的，从而也能分割到部分租值；其二，通过融资腐败②的形式在企业和银行相关工作人员之间分割，因为只要企业将相关人员的腐败费用折合为追加利率小于意愿出价和控制利率的差额，那么企业通过支付一定的腐败费用以获取贷款是有利可图的；其三，在企业和相关中介服务机构（如贷款担保机构等）之间分割，因为企业通过提高对相关中介服务机构的出价以获得"好看"的财务报表、担保服务等是有利于其获取贷款的，从而使其能分割到部分租值；其四，部分企业贷款中存在贷款手续复杂、过程较长的问题，企业以等候时间作为获得贷款的部分出价，这部分出价没有任何一方能得到。

综合来看，前三种属于隐性的价格机制，交易各方通过各种合法或非法的交易降低了租值耗散，并分割到了部分租值，但很显然，银行除在第一种隐性的价格机制中分割到部分租值外，其他几种均不能为其分割到任何租值；第四种是典型的非价格机制，当然在价格控制下除排队配给以外还会有很多非价格机制被采用，如企业把时间和精力放在无谓的客套和搞人际关系上等，这些都可能导致纯粹的租值耗散。总之，以上四种对租值的分割或耗散中，银行的得益是非常有限的，实际上这种得益是远远小于其通过主动控制利率而置入公共领域财富的数量的，而

① 补偿性余额是指银行要求贷款企业在银行中保持按贷款限额或实际借用额的一定百分比计算的最低存款余额；"存一贷二"是指贷款者向银行存入一笔资金，银行可以贷给贷款者两倍数额的资金。有关对银行分割租值的详细讨论请见本书第六章。

② 有关融资腐败相关研究请参见：谢平，陆磊. 中国金融腐败的经济学分析 [M]. 北京：中信出版社，2005.

且对于由此带来的纯粹租值耗散则完全是社会福利的损失。既然价格管制会导致租值耗散，那么银行为何还要主动控制利率呢？也就是说，银行为何要实行信贷配给呢？

三、信贷配给与节约交易费用

以上问题的答案在于，信贷市场中存在着大量的交易费用，如果利率控制在导致部分租值被分割及耗散的同时也带来了银行在交易费用上的节约，并且这种节约在数量上超过由此增加的被分割及耗散的租值数量，那么这种选择就是有益的，也是银行在约束条件下的理性最优选择。

（一）信贷交易过程

在进一步研究之前，我们先来简要分析一下信贷交易过程。银企之间的信贷交易不同于简单的产品交易。在简单的产品交易中，其交易关系往往都是在一个又一个的时间点上完成的，银行不需要对企业的行为进行观察与追踪，也不需要对这些行为负完全的责任。信贷交易则完全不同，信贷交易是一个过程，不仅有交易的事前考察，有事中的谈判，更有事后的跟踪，而银行与企业的关系也就在这种过程中得到不断地调整与完善。

根据信贷交易过程和整个过程中银行面临的不确定，可以将信贷交易划分为贷前、贷中和贷后三个阶段。在贷前阶段：银行和企业之间存在着较为严重的信息不对称，因此需要调查人员深入企业查阅账簿凭证，核实相关数据，了解企业的产品、生产经营和管理等各种情况，通过大量的数据资料进行综合的分析研究，形成客观、公正、有决策价值的结论；在贷中阶段：银行需要对企业进行监督，保障信贷资金的安全性，防止企业违规使用，因此，需要信贷人员深入企业，监控其经济活动和资金流向、认真分析其贷款风险变化情况；在贷后阶段：银行为了实现自己的合法权益，需要审查信贷资金的最终使用情况，以及对项目收益和贷款偿还情况进行分析、评价及反馈，对于不能归还贷款的企业，银行对其实施制裁，甚至对企业进行破产清算。

（二）交易费用的节约

由于信贷交易的特点以及银行自身运行的需要，实际上，银行通过主动控制利率，至少可以在以下几个方面节约交易费用。

其一：节约信息费用

此处的信息费用包含两层含义：一是银行在搜寻和了解企业过程中支付的人力、物力和财力以及时间成本；二是由于银行对企业信息了解不足而导致贷款违约而造成的损失。假设银行在对企业进行贷款时完全根据利率机制行事，银行为了使确定的贷款利率能够完全覆盖贷款风险，必须全面了解企业的信息（最佳条件是能够取得完全信息），但是企业出于自身利益会尽量隐瞒不利信息甚至作假。为了取得充足的信息，银行必须花费大量的时间，动用大量的人力、物力和财力，这就构成了第一层含义上的信息费用；但事实上无论银行如何努力，还是不可能取得企业的完全信息，于是造成银行厘定的风险溢价在一些时候或对部分企业是过低的，使劣质企业进入到贷款市场，进而给银行造成损失，这就构成了第二层含义上的信息费用。现在银行控制利率，使更多的企业进入信贷市场，从而造成了信贷市场的不均衡。在这种局面下，企业会更主动地向银行显示信息，同时银行也更有条件根据优质企业所具有的特征在市场中选择企业。一方面，优质企业往往也是信息充分性和真实性较高的企业，从而降低了银行在了解企业过程中所支付的费用；另一方面，优质企业也往往是违约几率很低的企业，从而降低了由于企业违约而导致损失的可能性。可见，银行主动控制利率可以为银行带来节约信息费用的好处。

其二：节约监督费用

此处的监督费用也包含两层含义：一是银行对贷款企业的监督费用；二是银行对银行工作人员的监督费用。具体来说，一方面，银行控制利率必然导致贷款的供不应求，这使得贷款市场始终保持着一队等候贷款的企业。这一队伍的存在必然对已取得贷款的企业造成一种压力，促使其能够遵守银行的各项规定，按时还贷付息，节约了银行对贷款企业的监督费用；另一方面，通过保持一队等候贷款的企业，也可以促使银行工作人员提高工作效率，这也节约了对工作人员的监督费用。对于这两层含义监督费用的节约，张五常（2001）在其所著的《经济解释》中举过两个类似的实例，下面原文引用这两个实例以佐证并加深对节约监督费用的理解。

例一：20 世纪 60 年代香港的地产发展商以香港置地有限公司为首。在 1968 年的一件租务大案的审判中，香港置地的经理直言，他们的商业楼宇所订的租金大约比市场的低百分之十，因为他们要保持一队"健康"的候租者（maintain a healthy queue）。为什么可以多收而不多收呢？我的解释，是如果有租客排队等候，现存的租客会比较遵守置地公司定下来的规例，而交租也会比较准时。这含义也是证实了的：比起其他商业大厦，置地的租客以"循规蹈矩"知名。这也是因为有交易费用的存在而促使置地公司把租金订在市租之下。

例二：在繁忙时间，超级市场的顾客要排队付钱，等十多分钟是常见的现象。时间宝贵，为什么超级市场要顾客"浪费"时间？超级市场的老板可以指明在某段繁忙时间加价百分之三，使顾客择时采购。太麻烦吗？恐怕顾客光顾另一家吗？那为什么一间有多个收钱出口的超级市场，不指定一两个收钱出口加价百分之三，其他的出口不加？这样，时间比较宝贵的顾客就不需要排长队。但超级市场可没有那样做。他们所做的，是为购买件数少的顾客特设收钱出口，以免买一包香烟的要等十多分钟。为什么不为时间宝贵的顾客特设附加费的出口呢？为了验证自己心中的假说，我曾经在繁忙与非繁忙时间站在不同的超级市场观察，看手表，数手指，使外人以为是我发了神经。但假说被证实了：有多人排队，收钱的员工的动作快得多。监管员工有费用，超级市场以顾客排队作动作速度的监管。这也是交易费用的解释了。[①]

对于信贷市场，银行利率控制导致银行对贷款企业监督费用的节约与例一类似，导致对银行工作人员监督费用的节约与例二类似。

第三节　租值耗散与节约交易费用的权衡
——数理和图示的推导

由以上分析可知，利率控制在导致部分财富置入公共领域并耗散（包括租值分割和纯粹的租值耗散）的同时也带来交易费用的节约，向下控制利率的幅度也就取决于两者的权衡。在边际上，当租值耗散的增加与交易费用的节约相等时的利率水平就是控制利率的最佳水平（i^*）。下面用数理和图示的方式对这一问题作一说明并试图求解最佳控制利率 i^*：

一、求解边际租值耗散曲线

假设 1：假设不存在任何交易费用时的瓦尔拉均衡出清利率为 i_E、信贷规模为 Q_E。即我们以某银行可以无成本的界定信贷产品的产权，从而可以完全避免租值置入公共领域作为研究租值耗散的理想参考标准。

假设 2：假设存在交易费用时的某银行信贷资金供给曲线为 $Q = Q_0 + qi$，且 Q_0 和 q 均为大于零的常数。q 大于零是银行理性的必然结果，

---

①　张五常. 经济解释［M］. 香港：花千树出版有限公司，2006：120-121.

而 Q_0 大于零的理由是当利率水平较低时，银行可能还会出于各种原因向一小部分企业贷款，故认为 Q_0 大于零。

假设 3：假设某银行由于主动向下控制利率而导致的租值耗散量等于银行利息收入的减少，即，银行主动放弃的利息收入均被分割和纯粹耗散，不考虑银行在租值分割中的收益（关于银行对租值的分割会在第六章分析）。

根据以上假设，并设租值耗散曲线为 $D(i, \mu)$，μ 代表除了 i 以外的其他影响交易费用的变量，$i < i_E$。则，

租值耗散曲线为：$D(i, \mu) = Q_E i_E - Qi = Q_E i_E - (Q_0 + qi) i = Q_E i_E - Q_0 i - qi^2$

边际租值耗散曲线为：$\dfrac{\partial D(i, \mu)}{\partial i} = -(Q_0 + 2qi)$，为了便于图示说明，我们定义

边际租值耗散曲线为：$\dfrac{\partial D(i, \mu)}{\partial i} = Q_0 + 2qi$，其曲线形态如图 4-1。

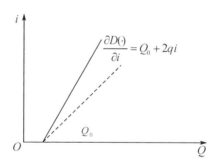

图中：i 为利率水平，Q 以货币衡量，以下各图的横竖坐标均以此度量。

图 4-1　边际租值耗散曲线

由租值耗散曲线和边际租值耗散曲线可知：

其一，利率向下控制会导致租值耗散，随着利率向下控制的加深，租值耗散总量会上升。

其二，利率向下控制时，边际租值耗散会趋于下降。并且参数 q 越大，边际租值耗散曲线就越平坦（如图 4-1 中的虚线），即在其他条件

相同的情况下，q 值越大则边际租值耗散就越大，反之亦是。

二、求解边际交易费用曲线

我们已经分析过，通过向下控制利率可以带来信息费用、监督费用等方面的交易费用的节约，并且我们认为，当利率刚开始向下控制时，由于系统中存在很多可以节约的因素，因此交易费用的节约效果将会很明显，而随着利率控制的加深，此种节约效果将会加速衰减（有待实证）。由此设定以下假设。

假设4：令银行在利率水平 i 上对所有信贷企业必须支付的交易费用为 $C(i, \nu)$ ，ν 代表除了 i 以外的其他影响交易费用的变量。随着利率控制的加深，边际交易费用递减。即，$\left.\frac{\partial C(i, \nu)}{\partial i}\right|_{i=i_2} < \left.\frac{\partial C(i, \nu)}{\partial i}\right|_{i=i_1}$（$i_2 < i_1$），曲线形态如图4-2。

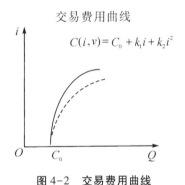

图 4-2　交易费用曲线

根据"假设4"，交易费用曲线的形态如图4-2，我们用二次函数加以拟合，并设银行在既定信贷规模下的交易费用曲线为：$C(i, \nu) = C_0 + k_1 i + k_2 i^2$，$C_0$、$k_1$ 和 k_2 为大于零的常数。同样令无交易费用时的瓦尔拉均衡出清利率为 i_E，若银行要在此利率水平出清信贷市场（实际上不可能达到，只是作为交易费用节约的参考标准），则银行必须支付的交

易费用为 C_E 。因此有，

交易费用节约曲线为：$\Delta C(i, \nu) = C_E - C(i, \nu) = C_E - C_0 - k_1 i - k_2 i^2$

边际交易费用节约曲线为：$\dfrac{\partial \Delta C(i, \nu)}{\partial i} = -(k_1 + 2k_2 i)$ ，为了便于图示说明，我们定义

边际交易费用节约曲线为：$\dfrac{\partial \Delta C(i, \nu)}{\partial i} = k_1 + 2k_2 i$ ，曲线形态如图 4-3。

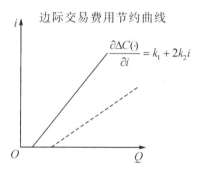

图 4-3 边际交易费用节约曲线

由交易费用曲线和边际交易费用节约曲线可知：

其一，利率向下控制可以节约交易费用，随着利率向下控制的加深，节约的交易费用在总量上会上升。

其二，利率向下控制时，边际交易费用节约的效应会趋于下降。并且参数 $k(k_1, k_2)$ 越大边际交易费用节约的效应就越大；反之亦是。即一个较大的 k 值，表现在交易费用曲线上就是同等条件下，系统中存在较大的交易费用（如图 4-2 中的虚线），从而表现在边际交易费用节约曲线上就是该曲线更为平坦且靠右（如图 4-3 中的虚线），因此向下控制利率在同等条件下的边际交易费用节约的效果也就越大。

三、边际租值耗散与边际交易费用的均衡

根据我们对信贷市场交易费用的分析，我们知道银行在向企业融资中的交易费用是高昂的，由此交易费用曲线有一个较大的 $k(k_1, k_2)$ 值，也即边际交易费用节约曲线有一个较大的 $k(k_1, k_2)$ 值，边际交易费用节约曲线较为平坦（如图4-5）。因此银行利率控制而产生的交易费用节约效应会比租值耗散效应明显，银行有动力向下控制利率以节约交易费用，信贷配给由此产生。

图4-4给出了理想的无交易费用信贷市场中单纯由利率机制引导的供求均衡，图4-5给出了由"租值耗散"与"交易费用"引导的边际均衡。在图4-4中，由利率机制所引导的供求均衡决定的利率为 i_E，此时，银行必须承担较大的交易费用，以至于超过由单纯利率机制所带来的收益，而通过向下控制利率可以得到较大的交易费用节约，并且这种节约在边际上超过租值耗散，例如，当利率从 i_E 调整到 i_1 时，租值耗散额为 S_1，交易费用节约额为 $S_1 + S_2$，银行收益增加 S_2，向下控制利率有利可图。显然，图4-4中的均衡利率在图4-5中是过高的，因此，银行在约束条件下的最优选择是向下控制利率，但这种控制的幅度也是有限度的，当交易费用已被较大节约时，则继续向下控制利率的交易费用节约效应必定减小，甚至会使这种节约在边际上低于边际租值耗散，显然这不是银行的最优选择。因此，控制利率的水平会在边际租值耗散与边际交易费用相等处均衡，均衡点为 E，均衡利率为 i^*，其值由下式决定：

$\dfrac{\partial D(i, \mu)}{\partial i} = \dfrac{\partial \Delta C(i, \nu)}{\partial i}$，即有：$Q_0 + qi = k_1 + k_2 i$，即得以下重要等式，

信贷配给均衡利率：$i^* = \dfrac{Q_0 - k_1}{2(k_2 - q)}$

图4-4、图4-5中阴影表示的从 i_E 到 i^* 之间的区域就是信贷配给。

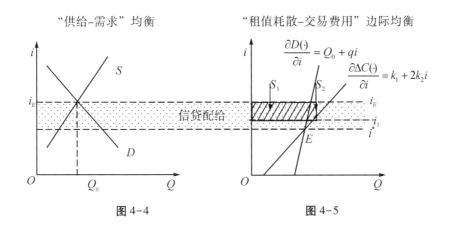

图 4-4　　　　　　　　　　图 4-5

四、对"租值耗散—交易费用"框架的简要总结

现代信贷配给理论的明显特征是既承认信贷配给是一种长期的均衡现象，同时又把信息因素纳入其分析框架。显然，本书所构建的"租值耗散—交易费用"分析框架符合这些特征。

很明显，与传统分析方法相比较，本书构建的分析框架与假定交易费用为零和完全信息的瓦尔拉一般均衡模型有本质区别。在瓦尔拉一般均衡模型中，均衡受干扰时，新的均衡会瞬时实现。因为当假定交易费用为零，调整的费用也就为零；同时，假定人们对交易的商品具有完全信息，交易就能在瞬间完成。结果，完成这样的交易不需努力，只要支付适当数量的现金就行了，单是价格本身就足以把资源配置到它们最高价值的用途上。而在现实世界中，交易费用大量的存在，信贷产品产权精确界定需要付出巨大的交易费用，因此单纯的价格机制并非是最有效的。实际上，信贷配给就是一种通过部分的否决价格机制以达成更有利于银行的均衡的方法。当租值耗散和交易费用的节约在边际上相等时，银行的利益是最大化的。因此，银行有动力去达成并有动力去努力维持这种均衡，于是信贷配给就发生了。

同时不难看出，"租值耗散—交易费用"分析框架与 S-W 模型有相似之处。首先，两者均考虑了信息因素；其次，两者都着眼于对银行这一微观主体的成本收益分析；最后，都认为信贷配给实际上是银行在约束条件下进行理性选择的结果。不过，两者的差异性无疑也是比较明显的，其中最大的差异就在于所运用的分析工具和研究视角的不同。S-W 模型主要借助了信息经济学，而本书构建的分析框架主要是运用了产权经济学和交易费用经济学，当然也结合了信息经济学的相关理论成果。

第四节　缓解信贷配给的可行途径
——新框架的启示

要缓解信贷配给就是要提高信贷配给的均衡利率，当该利率与由利率机制所引导的供求均衡利率相等时，也就不存在信贷配给了，当然这只是极端情况。

在"租值耗散—交易费用"框架下，我们已经求得了信贷配给均衡利率为：$i^* = \dfrac{Q_0 - k_1}{2(k_2 - q)}$。该式表明，提高 q 值或减少 $k(k_1, k_2)$ 值均有助于提高均衡利率 i^* 的水平。借助图 4-5 更直观的来说，就是使边际租值耗散曲线更为平坦，或使边际交易费用曲线更为陡峭并左移，无论是移动那一条曲线均有利于增加 i^* 值，从而降低信贷配给的程度。基于这一思路，并根据 q 和 $k(k_1, k_2)$ 值在上文被赋予的含义，下面给出缓解信贷配给的可行途径。

一、增加银行业竞争程度（提高 q 值）

提高 q 值表现在边际租值耗散曲线上的含义就是一条更为平坦的曲线（见图 4-6 中的虚线）。这样的一条曲线会使银行在通过利率控制以节约交易费用时的租值耗散增加，因此银行会相对的缺乏利率控制的动力，体现在图 4-6 上就是提高了信贷配给均衡利率 i^* 的水平（从 i_1 提高到 i_2），由此缓解信贷配给的程度。

我们同时也必须注意到，由于租值耗散曲线中的参数 q，也就是银行信贷资金供给曲线（ $Q = Q_0 + qi$ ）中的参数 q，而一个大的 q 值表现在供给曲线上的也就是一条更为平坦的曲线，或者说银行更趋于是竞争性市场的价格接受者。因此我们可以认为，在竞争较为充分的信贷市场，银行主动控制利率以节约交易费用的"成本"是较大的，因而银行缺乏通过控制利率以节约交易费用的动力，信贷配给程度由此减弱，而在垄断的市场上则反之。因此提高 q 值的含义也就在于增强信贷市场中银行的竞争程度。同时我们还必须注意到，银行业竞争程度的加强还会使银行在竞争压力下更主动和积极地去收集信息，在交易过程中相互传递信息，从而有利于缓解银企间的信息不对称程度，降低银行向企业融资过程中产生的交易费用。表现在图 4-6 中，即会使得边际交易费用节约曲线作一定程度的上移（其移动机理在减少 k 值中给出），由此进一步提高了均衡信贷配给利率。

因此，提高 q 值给我们的启示是：我们可以通过降低银行业准入条件，鼓励和发展民营银行等形式的中小银行，打破信贷市场垄断格局，以此促进银行业的竞争，借此在一定程度上缓解信贷配给现象。

提高q值的效应

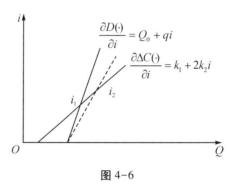

图4-6

二、节约交易费用（降低$k(k_1, k_2)$值）

降低$k(k_1, k_2)$值表现在边际交易费用节约曲线上就是一条更为陡峭和左移的曲线，这样的一条曲线同样会使银行在通过利率控制以节约交易费用的效应减弱，银行会相对缺乏利率控制的动力，体现在图4-7上同样是提高了均衡利率i^*的水平，由此缓解信贷配给的程度。

降低$k(k_1, k_2)$值的效应

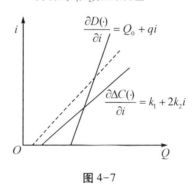

图4-7

由设定的交易费用函数 $C(i, v) = C_0 + k_1 i + k_2 i^2$ 可知，参数的取值分别为 $k(k_1, k_2)$ 和 $k'(k_1', k_2')$ 时（$k_{1,2} > k_{1,2}'$）的交易费用曲线如图4-8，即是说要降低 k 值（由 k 降到 k'），就要使交易费用曲线作如图4-8从实线到虚线的移动，就是在给定的利率水平上降低相关的交易费用。

实际上，如果信贷市场上的贷款企业信息公开透明、运行健康规范，那么银行也就没有动力通过信贷配给的方式来节约信息费用和监督费用，因为可以节约的交易费用已经足够少了。因此，降低 k 值给我们的启示是：努力促使企业规范运作，建立完善的征信体系、担保体系等各类信用支持体系，以此缓解银企间的信息不对称并降低交易费用。

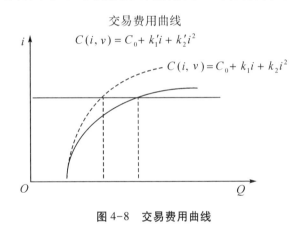

图4-8　交易费用曲线

第五节　抵押和担保机制在降低
交易费用中的作用

抵押（担保）机制的研究是信贷配给研究的重要方面。斯蒂格利兹和韦斯（Stiglitz & Weiss，1985，1987，1992）等学者认为，由于逆向选择的存在，增加抵押超过某一临界点可能导致银行利润的减少，因此抵押和其他非价格机制不能消除信贷配给的可能；而比斯特（Bester，1985，1987）、陈和卡纳塔斯（Chan & Kanatas，1985）、贝赞可和塔科尔（Besanko & Thakor，1987）等学者则认为，银行能够同时利用抵押品和利率作为分离贷款项目风险类型的筛选机制，能够通过设计一些更为复杂的信贷合约来分离大部分或全部借款人类型，抵押机制是可以有助于缓解或消除信贷配给的。

在"租值耗散—交易费用"框架下，对抵押（担保）机制的考察则着重于能否有效降低银行向企业贷款过程中产生的交易费用。很明显，如果抵押（担保）机制有助于降低交易费用，则表明抵押（担保）机制是有利于缓解信贷配给的，反之亦然。由于抵押机制和担保机制在操作上存在一定的区别，下面我们分别对其予以简要讨论。

一、抵押机制在降低交易费用中的作用

抵押机制显然有助于银行降低在信贷融资中的信息费用和监督费用。这是因为：如果抵押品是可靠足额且容易处置和变现的话，那么银行对企业进行全面调查研究的重要性和必要性无疑会降低，由此可以节约大量的信息费用；同时银行对贷款进行严密监督的重要性和必要性无疑也会降低，由此也可以节约大量的监督费用。不过，由于银行在对抵押品进行审查和事后监督时也同样存在信息费用和监督费用的问题，因此抵押机制在降低交易费用方面是会受到一定牵制的，从而抵押机制不可能完全消除信贷配给，但是由于银行对抵押品的审查和监督的费用显然是小于对企业进行全面审查和监督的费用，由此抵押机制是有助于降低银行向企业融资过程中产生的交易费用，从而缓解信贷配给。其微观作用机理可以通过图4-9更好地加以理解。

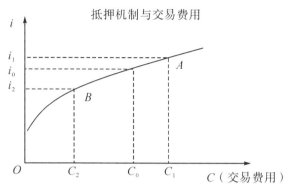

图 4-9   抵押机制与交易费用

若银行在给定的利率水平 i_0（可以是个合理的波动区间）以交易费用的大小作为筛选贷款企业的标准，即当银行向企业贷款中需支付的交易费用大于 C_0 时，银行将不予贷款。若有一家财务制度不甚健全但具有较强盈利能力和良好前景的中小企业 A，银行本可以对其发放贷款，但由于企业无法有效显示信息，使得银行在向企业融资时的交易费用过大（$C_1 > C_0$），该企业因此无法进入信贷市场，此时抵押机制的运用可以使得银行支付的交易费用大幅降低，使得由于交易费用问题而被排斥在信贷市场之外的企业 A 得以进入信贷市场。对于原本就在信贷市场的企业 B，抵押机制的运用同样会使银行支付的交易费用降低，从而使银行愿意在一个更加优惠的利率水平为企业 B 提供贷款，由此降低了企业的贷款成本，使得企业可以获取更多的贷款。

总之，抵押机制能在一定程度上改善企业的融资条件，整体性地增加企业的信贷量，从而缓解信贷配给。不过，抵押机制的有效运用还有一个硬性约束条件，那就是企业能够提供足额的抵押品，这一约束条件对于有些企业是难以满足的，尤其是中小企业，因此抵押机制功能是有局限的。而对于增强企业提供抵押品的能力方面，显然不是一个操作性很强的策略。实际上这是一个长期的过程，不过与抵押机制相类似的担保机制在这方面有一定的优势。

二、担保机制在降低交易费用中的作用

与抵押机制相类似，担保机制也会有助于降低银行支付的交易费用，从而缓解信贷配给程度。其理由是：银行对担保人的审查和监督的费用显然是小于对企业进行全面审查和监督的费用。因为银行会要求企业提供的担保人必须是信誉良好并便于进行审查和监督的企业或机构，比如充当担保人的可能会是有实力的大企业或信誉良好的担保机构。不过，担保机制同样无法消除信贷配给。这是因为在有担保的信贷融资中，银行不仅需要支付对企业的审查和监督费用（虽已大幅下降），还需要支付对担保人的审查和监督费用。对担保人的审查和监督的费用在不规范的经济环境或政策中有时是很大的；同时，政府主导的担保机构在选择担保对象上也往往带有较强的产业政策倾向性，使得在缓解信贷配给上可能具有一定的产业局限，因此担保机制的作用也不能过分夸大。

以上分析表明：无论是抵押还是担保机制都有助于银行节约信贷融资中的交易费用，使得边际交易费用节约曲线左移（如图4-8，见本章第61页），从而在一定程度上缓解信贷配给，但其前提条件是企业必须能提供足额的抵押品。由此可见，经济体系中必须建立起完善的担保体系。

三、信用担保体系与信贷市场整体运行效率的提升

在"租值耗散—交易费用框架"下，信用担保体系虽然有助于银行降低交易费用，但必须注意的是，如果全面考察信贷市场（而不仅仅是银行），我们不难发现：信用担保体系要在信贷交易中有所贡献，至少必须满足两个条件：条件一，相对于银行而言，信用担保机构要具有

信息优势,即在筛选和监督借款企业方面担保机构要比银行有优势;条件二,信用担保机构要具有能更广泛地发现并管理好企业可抵押资产的优势。两者必具其一,这样才能使得担保机构具有节约信贷市场整体交易费用的优势,否则担保机构只是简单地承担了原本应该由银行承担的交易费用,而无法对信贷融资交易产生任何附加值。我们知道,在一国构建的信用担保体系中可能包含下列三种类型(比如我国),即政策性担保机构、互助性担保机构和商业性担保机构。下面笔者将分别对各类担保机构就提升信贷市场整体运行效率中的作用予以考察。

对于政策性担保机构(政策性担保公司指由政府出资、不以盈利为目的的、具有特定的服务对象、为实现政府政策性目标而设立的担保公司,包括中小企业融资担保公司、出口信用担保公司等),我们难以证明其在信息方面和在发现并管理可抵押资产方面的优势,如果的确如此,那么它们只是简单地把银行负担的交易费用转移给了担保机构。这种方式虽然有助于某些符合产业政策却无法进入信贷市场的企业获得贷款,这应该是其最具有积极性的一面,但实质上这只是政府对自己偏好的那类企业的一种隐性补贴,并不具有节约信贷融资交易费用并提高信贷融资效率的功能。更为甚者,这种通过担保体系对信贷市场进行干预的行为如果过度的话,还可能伤害信贷市场的整体运行效率①。

对于商业性担保机构(商业性担保机构指的是企业和个人出资组建、完全市场化运作、多元化经营、以盈利为目的的担保企业),显然它们会努力去创造在信息方面和在发现并管理可抵押资产方面的优势,因此可能会比政策性担保机构在提升信贷市场整体运行上更有效率。特别是在一个商业银行缺乏效率的金融体系中(如在某些转型经济中),商业性担保机构由于很强的逐利动机,通过在努力发掘信息和在可抵押

---

① 虽然政策性信用担保机构可能对增进信贷市场整体运行效率的作用不显著,但从一个更宽泛的视野来看,政策性信用担保机构通过支持符合产业政策的企业的发展,可能会有利于国民经济的整体平稳发展,如支持劳动密集型企业有利于解决失业问题,支持外向型经济有利于出口等。因此政策性信用担保机构在一国信用担保体系中往往具有最重要的地位。

品等方面的创新，显然会有助于提高信贷市场的整体运行效率。但是如果在一个市场化程度很高的经济体中，我们可能仍然无法证明这类商业性担保机构一定会比商业银行更有效率，并且其极强的逐利动机还可能会加重企业的负担并且更难以规范。

对于互助性担保机构（《国务院关于鼓励支持和引导个体私营等非公有制经济发展的若干意见》第十三条规定："支持公有制经济设立商业性或互助性信用担保机构。"），如某种行业协会出面组织的会员制互助担保机构，由于它们根植于企业，因此一般会比银行更了解被担保企业，即具备信息上的优势，这种优势显然有助于降低信贷市场的整体交易费用。另外互助性担保机构基于对企业的了解，可能使得对银行来说无法作为抵押品的某些资产可以用来作为这类担保机构的反担保资产，因此扩展了可抵押资产的范围，并基于信息优势能更好管理这些抵押资产。因此，互助性信用担保机构不仅有助于缓解信贷配给，同时还能整体提高信贷市场的运行效率。

以上分析表明，信用担保体系若要在缓解信贷配给的同时，发挥增进信贷市场整体运行效率的功能，还必须具备相对于银行在节约交易费用方面的优势，否则信用担保体系可能只是简单地成为一种政府对某些符合产业政策的企业发放隐性补贴的渠道。在政策性担保机构、互助性担保机构和商业性担保机构中，互助性担保机构在为会员企业提供信用担保方面更加主动积极，在节约信贷市场整体交易费用方面占有绝对优势，因此在缓解信贷配给的同时还能增加信贷市场的整体运行效率；商业性担保机构由于具有较强的逐利动机，因此在提供专业化服务方面占有优势；政策性担保机构由于其背后有国家信用的支持，因此其信用等级最高。总之，不同的担保机构具有不同的优势，这在构建合理的信用担保体系时是必须加以考虑的。

第五章

我国中小企业信贷配给问题严重的成因
——新框架下的解读

我国中小企业普遍存在融资难的困境。一方面，如果银行业市场结构具有明显的垄断特征的话，那么中小企业的信贷配给问题必然严重；另一方面，如果银行在向中小企业发放贷款过程中（和大企业相比），由于现实原因使贷款过程中的交易费用较大的话，那么银行就越有动力向下控制利率以节约交易费用，从而使信贷配给现象在中小企业融资中表现得更加明显。

对于中小企业信贷配给的研究需要澄清的是，我们所讨论的是那些经营状况好、项目有预期净现值的中小企业，这部分中小企业由于信贷市场和自身的运行特点，如垄断特征的信贷市场以及企业的信息内部化等原因，阻碍了银行对它们的信贷融资。而那些自身存在缺陷，经营状况和管理状况很差（如产品不适销、风险太大）的中小企业并不在我们的分析之列。实际上，这类企业是不应该得到银行贷款的，这是银行的理性选择，对任何企业（包括大企业）都是适用的（除非政府干预）。

从前面的分析中我们已经知道：其一，信贷融资对我国中小企业的融资具有特殊的重要性；其二，我国中小企业信贷融资比较困难。那么是什么阻碍了银行向中小企业信贷融资呢？根据我们业已建立的"租值耗散—交易费用"框架，特别是根据所求得的信贷配给均衡利率 $i^* = \dfrac{Q_0 - k_1}{2(k_2 - q)}$ 可知：一方面，如果银行业市场结构具有明显的垄断特征的话，那么中小企业的信贷配给必然严重；另一方面，如果银行在向中小企业贷款过程中（和大企业相比），由于现实原因使贷款过程中的交易费用较大的话，那么银行就越有动力向下控制利率以节约交易费用，从而使信贷配给现象在中小企业融资中表现得更加明显。由此，我们将从这两方面来探讨我国中小企业信贷配给。

第一节　银行业市场结构与中小企业信贷配给

银行业市场结构（Market Structure）是指在银行业市场中各银行之间在数量、规模、份额等方面的关系及由此决定的竞争形式，其实质反映的是市场的竞争和垄断程度。单个银行的市场份额和整个银行业的市场集中度是反映市场结构的主要指标。我们知道：在"租值耗散—交易费用"框架中，银行的市场结构是影响信贷配给程度的一个重要变量，加强信贷市场的竞争性将有助于缓解中小企业信贷配给问题。因此，研究我国当前银行市场结构是否构成对中小企业信贷供给的制约，必然是研究中小企业信贷融资难问题的一个重要支点。

一、商业银行体系构成与现状

随着改革开放的纵深推进，我国的金融改革不断深化，银行体系逐步完善。目前，我国已经形成了四个层次、五大类型的商业银行体系。

四个层次主要是根据业务经营地域范围的不同而划分，其一是指在境内外均设有分支机构的国有控股大型商业银行，它们不仅经营国内金融业务，而且还经营国际金融业务；其二是指在全国范围内经营业务的股份制商业银行；其三是指在所在城市经营银行业务的城市商业银行；其四是指主要在地、市以下城市和农村经营金融业务的农村商业银行、村镇银行和城乡信用社等。

五大类型的商业银行则分别指的是：国有控股大型商业银行（工商银行、农业银行、中国银行、建设银行、交通银行）；股份制商业银行；城市商业银行；城乡金融机构（如：农村商业银行、村镇银行、信用社等）；外资银行。

根据银监会统计，截至 2011 年底，我国银行业金融机构共有法人机构 3 800 家，从业人员 319.8 万人。主要包括 5 家大型商业银行（工商银行、农业银行、建设银行、中国银行、交通银行），12 家股份制商业银行（民生银行、招商银行、浦发银行、广发银行、中信银行、光大银行、华夏银行、兴业银行、深发银行、浙商银行、渤海银行、恒丰银行），144 家城市商业银行，212 家农村商业银行，190 家农村合作银行，2 265 家农村信用社，3 家政策性银行和 1 家邮政储蓄银行，635 家村镇银行等等。

表 5-1 给出了截至 2011 年的我国银行业金融机构资产负债规模。由表中数据可知，国有控股大型商业银行在资产负债规模上占据绝对优势，银行体系的垄断特征明显。下面分别对几类主要的金融机构作简要介绍。

表 5-1　2011 年我国银行业金融机构本外币总资产与总负债情况表

项目 金融机构	总资产		总负债	
	余额（亿元）	占比（%）	余额（亿元）	占比（%）
大型商业银行	520 167	46.6%	486 592	46.6%
股份制商业银行	183 227	16.4%	172 437	16.6%
城市商业银行	99 845	9.0%	93 203	8.9%
其他类金融机构	311 946	28.0%	291 036	27.9%
金融机构合计	1 115 185	100.0	1 043 268	100.0

数据来源：中国银行业监督管理委员会网站统计信息专栏，本书作者适当整理。

注：其他类金融机构包括政策性银行、农村商业银行、农村合作银行、外资银行、城市信用社、农村信用社、新型农村金融机构和邮政储蓄银行。

（一）国有控股大型商业银行

按照目前中国银监会对银行类金融机构的分类，国有控股大型商业银行包括四大国有商业银行（中国工商银行、中国农业银行、中国银行、中国建设银行）和中国交通银行。

改革开放以来，随着金融改革的纵深推进，四大国有商业银行的发展历程分别经历了专业化阶段、市场化阶段和国际化阶段。目前四大国有商业银行已成功引进战略投资者并完成股份制改造。通过一系列改革，国有商业银行的资产质量、治理结构和盈利模式得到了切实地改善。

国有控股大型商业银行是我国银行业的主体，在我国金融业中占有举足轻重的地位。截至 2011 年底，国有控股大型商业银行总资产占银行业金融机构总资产的 47.3%，其总负债占银行业金融机构总负债的 47.4%。另外，国有控股大型商业银行分支机构和营业网点遍布城乡，从业人员众多，在我国银行体系中居于垄断地位。表 5-2 给出了近几年国有商业银行总资产和总负债占银行业金融机构资产总额和负债总额的情况，虽然这些指标有下降趋势，但仍然无法动摇其在我国银行业金融机构中的主导地位。

表 5-2 2008—2011 年国有控股大型商业银行本外币总资产与总负债情况表

项目 \ 年份	总资产		总负债	
	余额（亿元）	占比（%）	余额（亿元）	占比（%）
2011 年	520 167.0	46.6%	486 592.0	46.6%
2010 年	458 814.6	48.7%	430 318.2	48.7%
2009 年	400 890.2	50.9%	379 025.6	51.0%
2008 年	318 358.0	51.0%	298 783.6	51.0%

数据来源：中国银行业监督管理委员会网站统计信息专栏，本书作者适当整理。

注：国有控股大型商业银行包括工商银行、农业银行、中国银行、建设银行和交通银行

（二）股份制商业银行

我国组建和发展股份制商业银行的初衷是在于引入市场竞争机制，促进和提高金融业总体实力和服务水平，并为探索银行商业化道路积累

经验。从 1986 年 9 月国务院批准重新组建交通银行以来，目前我国共有全国性股份制商业银行 12 家，即：中信银行、中国光大银行、华夏银行、广东发展银行、深圳发展银行、招商银行、上海浦东发展银行、兴业银行、中国民生银行、恒丰银行、浙商银行、渤海银行。股份制商业银行的建立和发展，打破了国有独资商业银行的垄断局面，增强了市场竞争和市场机制在金融资源配置中的作用。表 5-3 给出了我国股份制商业银行 2008-2011 年总资产与总负债情况，由表中数据可知，我国股份制商业银行的资产规模不断扩大，市场地位日益显著。截至 2011 年年底，其资产总额为人民币 183 794 亿元，负债总额为人民币 173 000 亿元，分别占银行业金融机构资产总额和负债总额的 16.2% 和 16.3%。

表 5-3　2008—2011 年股份制商业银行本外币总资产与总负债情况表

项目\年份	总资产		总负债	
	余额（亿元）	占比（%）	余额（亿元）	占比（%）
2011 年	183 227.0	16.4%	172 437.0	16.5%
2010 年	148 616.9	15.8%	140 456.4	15.9%
2009 年	117 849.8	15.0%	112 215.3	15.1%
2008 年	88 130.6	14.1%	83 683.9	14.3%

数据来源：中国银行业监督管理委员会网站统计信息专栏，本书作者适当整理。

注：股份制商业银行包括中信银行、光大银行、华夏银行、广东发展银行 、深圳发展银行、招商银行、上海浦东发展银行、兴业银行、民生银行、恒丰银行、浙商银行、渤海银行。

（三）城市商业银行

城市商业银行与股份制商业银行没有本质区别，只是在经营的地域范围上，只限于所在的城市，在经营的业务范围上，城市商业银行具有为城市中小企业金融服务的特点，更贴近城市居民。

城市商业银行的前身是城市信用合作社。20 世纪 80 年代中期以来，为城市私营、个体和集体经济提供金融服务的城市信用社迅速发展，但是大多数城市信用社的组织体制和运行机制从一开始就背离了信用合作制原则，发展中又偏离了为中小企业服务的发展方向，风险越来越突出。1995 年，国务院部署在城市信用合作社的基础上组建城市商业银行，同年 7 月，我国第一家城市商业银行——深圳市城市商业银行成立。截止 2011 年末，已经开业的城市商业银行有 144 家，其资产总额和负债总额分别为人民币 99 845 亿元和 93 203 亿元，分别都占银行业金融机构资产总额和负债总额的 8.8%。新开业的城市商业银行有效化解了原城市信用社的金融风险，增强了抗风险能力，初步建立起了现代商业银行制度。表 5-4 给出了我国城市商业银行 2008—2011 年总资产与总负债情况，由表中数据可知，我国城市商业银行的资产规模不断扩大，市场地位逐步提升。

表 5-4　2008—2011 年城市商业银行本外币总资产与总负债情况表

项目 年份	总资产		总负债	
	余额（亿元）	占比（%）	余额（亿元）	占比（%）
2011 年	99 845	9.0%	93 203	8.9%
2010 年	78 525.6	8.3%	73 703.3	8.3%
2009 年	56 800.1	7.2%	53 213.0	7.2%
2008 年	41 319.7	6.6%	38 650.9	6.6%

数据来源：中国银行业监督管理委员会网站统计数据专栏，本书作者适当整理。

（四）农村信用社

在商业银行已基本撤出农村信贷市场的现状下，农村信用社是我国农村金融的中坚力量，是支持"三农"的重要金融渠道，为我国农村经济的发展作出了不可替代的贡献。但由于农村信用社基本上是在新中国成立后根据党中央政府开展合作化运动而成立的，从产生时就是依靠行政力量强制捏合，不是真正的合作制，这种变异的合作制导致实际运行中的较高交易费用，并最终导致农村信用社历史包袱沉重、经营举步维艰（殷孟波、翁舟杰，2005）。2003年，我国启动了新一轮农村信用社改革。在本轮改革中，国家允许各地因地制宜选择产权模式和组织形式，农村信用社的产权结构和治理机制得到了改善。根据银监会2011年年报，截至2011年底，全国有212家农村商业银行，190家农村合作银行，2 265家农村信用社。

（五）外资（中外合资）银行

随着改革开放的不断推进，我国对外国金融机构的开放程度不断提高，从允许外资银行在我国开设代表处到允许开设营业性分支机构，从允许外资银行从事外币业务到允许其开展人民币业务，地域上也不断从沿海推向内地。2006年12月11日，根据加入世贸组织承诺，我国迎来了金融业的全面开放，即向外资银行开放对我国境内公民的人民币业务，并取消开展业务的地域限制以及其他非审慎性限制，在承诺基础上对外资银行实行国民待遇。根据银监会2011年年报显示，中国加入世界贸易组织10年来，外资法人银行总行类机构增加21家、分行类机构增加183家、支行类机构增加389家，设立城市从20个扩展到50个。截至2011年底，在华外资银行业营业机构数已达到387家，总资产21 535亿元，占银行业金融机构总资产比为1.93%。

二、商业银行的市场结构

从对我国五大类型商业银行的介绍可见，以四大国有控股商业银行为主体的大型商业银行是我国银行业体系的主体，股份制商业银行也占据了重要地位，我国商业银行的市场结构具有明显的垄断特征。这种特征的判断可以运用产业组织理论的市场集中度概念来分析。

市场集中度是指某一特定市场中少数几个最大企业所占的市场份

额。集中度越高，大企业的市场支配力越强，市场的竞争程度就越低，越容易形成规模垄断。本书主要通过 CRn 指数和 HHI 指数来分析我国银行业的市场集中度。[①]

（一）用 CRn 指数对我国银行业集中度的判断

CR$_n$指数是指某行业中前几家最大企业的有关数值的行业比重，其计算公式为：$CR_n = \sum_{i=1}^{n} X_i \Big/ \sum_{i=1}^{全部} X_i$，其中，n 代表该行业前几家企业的个数，n 值通常取 4 或 8，X$_i$代表各个企业的有关数值（如资产、收入、利润等）。在完全竞争的市场上，每个企业的 X$_i$很小，任何少数几个企业的 X$_i$之和也较小，CRn 指数趋于 0；在完全垄断的市场上，行业中只有一家企业，CRn 指数必然为 1。可见该指数的取值范围介于 0 和 1 之间。一般的，指数越高，表明该行业排在前几位的企业在行业中的影响越大，行业垄断程度也就越高。这一指数同时综合反映了企业数量与规模分布这两个决定市场结构的重要方面，具有较强的说服力。

本章主要测定 CR4，即测定中国银行业前 4 家最大的商业银行在相应项目中所占的市场份额。因为我国是以四大国有商业银行为主体的银行体系，所以选择 n 值为 4 来测算四大国有商业银行在相应项目中所占的比率是符合实际情况的。本章分别对中国银行业 2003—2010 年期间的资产、存款、贷款等主要项目的市场集中率进行计算（见表 5-5）。由表可见，四大国有控股商业银行在资产、存款、贷款等方面均具有绝对的优势，比值近五成及以上，表明我国银行业集中度较高。但从历年数据的走势上看，我国商业银行的市场集中率指标在逐步变小，这也充

---

① 根据 CRn 和 HHI 的定义，要计算 CRn 指数，理论上需要样本期间我国所有银行的数据。由于学术界对这两个指数进行计算的相关文献已非常多，为减少工作量，本章直接引用"邢学艳（2011），产权、竞争与我国商业银行绩效研究，华东师范大学博士论文"中的计算结果。

分表明随着金融改革的不断深化，特别是金融准入条件的不断放松，我国商业银行的垄断状况正在不断被打破。

表5-5　　　　我国商业银行市场集中率CRn指数一览表（n=4）　　单位:%

年度	2003	2004	2005	2006	2007	2008	2009	2010
资产	56.33%	54.53%	54.85%	53.81%	50.53%	50.13%	49.57%	47.81%
存款	71.35%	68.19%	60.88%	59.23%	56.88%	55.95%	53.46%	51.02%
贷款	55.79%	55.89%	55.54%	53.60%	52.33%	49.91%	49.03%	48.16%

利用上表中的数据，参考产业组织理论中划分市场结构的贝恩方法（见表5-6），可见，我国目前银行业的市场结构介于寡占III型和寡占IV型之间。这与当前的情况是吻合的。当前，我国的股份制商业银行、城市商业银行以及外资银行等商业银行的市场份额不断提升，但是仍很难与四大国有商业银行展开全方位竞争。

表5-6　　　　　　　贝恩对产业垄断和竞争的分类标准

竞争结构	集中度	
	CR_4值（%）	CR_8值（%）
寡占I型	$75 \leq CR_4$	
寡占II型	$65 \leq CR_4 < 75$	或 $85 \leq CR_8$
寡占III型	$50 \leq CR_4 < 65$	$75 \leq CR_8 < 85$
寡占IV型	$35 \leq CR_4 < 50$	$45 \leq CR_8 < 75$
寡占V型	$30 \leq CR_4 < 35$	或 $40 \leq CR_8 < 45$
竞争型	$CR_4 < 30$	或 $CR_8 < 40$

（二）用HHI指数对我国银行业集中度的判断

CRn指数存在一个缺陷，那就是不能反映最大企业的个别情况，也难以说明市场份额和产品差异程度的变化情况。赫芬达尔－赫希曼指数

（HHI 指数）则较好地克服了 CRn 指数的不足，其计算公式为：$H = \sum\limits_{i=1}^{n}$ $(X_i/T)^2$，其中 H 代表 HHI 指数，n 代表该行业企业总数，X_i 代表各个企业的有关数值（如资产、收入、利润等），T 代表市场总规模。一般的，H 指数越小，则竞争度越大。如果 H 指数接近于 0，则表示市场是完全竞争的；如果 H 指数等于 1，则表示市场中只有一家企业，该市场处于完全垄断的市场状态。计算所得的 H 指数通常比较小，在实际应用时一般乘上 10 000。

下面，我们依然使用计算 CRn 时所使用的样本数据来计算我国商业银行的 H 指数。表 5-7 给出了 2003—2010 年我国商业银行市场集中H 指数的情况。

表 5-7　　　2003—2010 我国商业银行市场集中率 HHI 指数

年度	2003	2004	2005	2006	2007	2008	2009	2010
资产	1 654	1 608	1 601	1 564	1 481	1 427	1 394	1 338
存款	1 743	1 693	1 610	1 584	1 533	1 520	1 453	1 399
贷款	1 671	1 638	1 525	1 469	1 427	1 363	1 325	1 309

根据美国实践运用的标准（见表 5-8），当前我国商业银行的市场集中状况属于低寡占 II 型，大银行仍具有一定的垄断力。但从历年数据的走势上看，我国的 H 指数存在较为明显的下降趋势，这进一步反映了我国商业银行的垄断状况正在不断被打破，市场竞争格局正逐步形成。

表 5-8　　　　　　　以 HHI 值为基准的市场结构分类标准

市场结构	寡占型				竞争型	
	高寡占 I 型	高寡占 II 型	低寡占 I 型	低寡占 II 型	竞争 I 型	竞争 II 型
HHI 值	3 000 以上	1 800-3 000	1 400-1 800	1 000-1 400	500-1 000	500 以下

（三）对我国银行业市场结构的综合判断

综合我国银行业 CRn 指数和 HHI 指数的测度结果，可以看出近年来我国商业银行市场集中度逐步降低，市场的竞争程度逐步增强，但仍具有明显的垄断特征。产业组织理论将市场结构分为完全垄断型、寡头垄断型、垄断竞争型和完全竞争型四种类型市场结构。当前我国商业银行市场结构属于哪种类型呢？

首先从 CRn 指数来看，在 CRn 指数实际应用中，垄断竞争型市场结构对应于 CRn 指数市场结构分类标准中的寡占 III 型和 IV 型市场结构，而当前我国银行业 CR4 测度结果恰好介于两者之间，因此，从 CR4 指数来看，当前我国商业银行处于垄断竞争型市场结构。

其次从 HHI 指数来看，在 HHI 指数实际应用中，垄断竞争型市场结构对应于 HHI 指数分类标准中的低寡占 I 型、低寡占 II 型和竞争 I 型，而当前我国银行业 HHI 指数测度结果为低寡占 II 型，因此，从 HHI 指数来看，当前我国商业银行处于垄断竞争型市场结构。

因此，综合 CR4 指数和 HHI 指数的测度结果来看，当前我国的银行业处于垄断竞争型市场结构。这种垄断特征的现实表现是：以四大国有商业银行及部分规模较大的全国性股份制商业银行为代表的大银行占据了绝大部分市场份额，而城市商业银行、民营银行、社区银行等中小银行的发展却不尽如人意。

第二节　银行向中小企业信贷融资过程中的交易费用

我们已经知道，在"租值耗散—交易费用"框架中，如果信贷市场上银行在向中小企业贷款时的交易费用要比大企业高的话，那么银行通过主动向下控制利率以节约交易费用的动力也就越大，中小企业信贷配给或者说贷款难的现象就会更加普遍和严重。那么，银行在对中小企业信贷融资中的交易费用是否较大呢？答案显然是肯定的。因此，我们研究中小企业信贷配给问题的另一个支点必然是交易费用。

在进一步分析之前，首先让我们来简要回顾文中对交易费用的分类。第四章曾指出，银行在向中小企业信贷融资中涉及两类交易费用，即，信息费用和监督费用。信息费用有两层含义：一是银行在搜寻和了解企业过程中支付的人力、物力、财力以及时间成本（以下简称"第一类信息费用"）；二是由于银行对企业信息了解不足而导致贷款违约而造成的损失（以下简称"第二类信息费用"）；监督费用也有两层含义：一是银行对贷款企业的监督费用；二是银行对银行工作人员的监督费用。

一、中小企业运行特点与交易费用

中小企业相对不规范的产权结构和治理结构、较低的资产规模和较弱的抗风险能力以及相对小额的信贷规模等固有特征可能导致银行在向中小企业融资中的较高的交易费用，从而导致信贷配给。

当前，我国中小企业产权结构和治理结构仍然停留在较初级的形态上，大部分中小企业仍然是家族式企业，向现代企业制度的过渡进展缓慢，规范程度十分有限，信息内部化倾向明显，信息质量难以得到保证。一方面，许多中小企业由于规模较小、产权封闭等原因而尚未建立起完善的财务制度，有些甚至未配备专职的会计，并且有些中小企业由于面临激烈的市场竞争，往往会担心商业机密的泄漏从而对信息的披露非常谨慎，导致中小企业在融资中存在着信息表达上的困难；另一方面，大部分中小企业的财务报表并不需要专门的会计师事务所对其审计，其可靠性和透明度较低，信息质量难以得到保证。这两方面的原因导致中小企业的信息具有较为明显的内部化特征，信息公开程度较低，通过一般的渠道很难获得，银行对其经营水平、财务状况、信用状况的调查相当困难。相比较而言：大企业特别是上市公司的经营信息、财务信息以及其他信息的披露则要充分得多，信息的公开化和规范程度较高。因此，银行在搜寻中小借款企业时需要付出更高的搜寻费用，在识别中小企业时，需要银行付出大量的财力和人力，从而导致银行在向中小企业融资中的较高信息费用。

对中小企业发放贷款后，银行还必须持续对其进行监督，以确保本息的按时足额支付，但由于中小企业以下的运行特点也使得银行对企业的监督费用较高。其一，和大企业相比，我国的多数中小企业所处的是竞争性很强的行业，易受经营环境的影响，平均利润水平不高。在某些情况下，中小企业存在较强的机会主义倾向；其二，虽然中小企业具有决策快、效率高的特点，但同时由于中小企业内部规章制度不健全，权力过于集中，决策缺乏约束，随意性较大，加之有些中小企业的决策者和经营管理者素质较低，缺乏财务、经济和高技术专业人才，获取相关信息的渠道有时也不畅通，因此，中小企业在经营上往往带有一定的盲目性、冒险性和不稳定性。因此，银行为防止贷后中小企业随意更改投资方向、拖延还款等情况的发生，不得不支付较高的监督费用。

另外，由于中小企业的每笔贷款额相对较小，无法有效摊薄银行信贷发放中的固定费用，银行向中小企业融资也无法发挥规模经济效应，因此，银行向中小企业信贷融资中的单位信息费用和监督费用也是相对较高的。

在抵押机制方面，我们曾在第四章讨论过，抵押机制有助于银行降低在信贷融资中的信息费用和监督费用，从而缓解信贷配给，但显然抵押机制的有效运用要受企业能否提供足额抵押品的约束。实际上，中小企业由于资产规模有限，特别是固定资产比率较低的财务特征，使得中小企业实际可供抵押的资产十分匮乏；同时由于我国银行的创新能力普遍较弱，银行一般只接受房产、土地、设备和流动性强的有价证券作为抵押品，从而也大大削弱了中小企业的资产抵押能力，进而使得抵押机制在降低信息费用和监督费用方面受到了很大的局限。

总之，由于中小企业的自身运行特点，使得银行向中小企业信贷融资中的交易费用无论是信息费用还是监督费用，都是相对较高的。

二、银行结构因素与交易费用

影响我国中小企业信贷融资的银行结构因素，既包括银行所有制结构和治理结构，也包括中小企业信贷市场上银行的市场结构。

（一）银行所有制结构及治理结构与交易费用

我国的银行体系以国有商业银行为绝对主体。当前，虽然四大国有银行已经完成了股份制改造，但这类银行在所有制和治理结构上还不同程度地存在产权约束弱化、治理结构不完善的特点，从而导致在对中小企业信贷融资中的较高的交易费用[①]。

其一，产权虚置，所有者缺位，委托代理链条冗长。产权明晰、所有者主体明确是建立一个科学有效的公司治理结构及企业高效运行的制度基础。对于我国银行业的主体——国有商业银行，国家是其主要所有者，政府代表国家对银行行使所有权和控制权，但由于实践中对政府行使所有权的方式、内容、界限进行有效规范和制约的困难，致使国有商业银行长期以来存在产权边界模糊、产权约束弱化等现象。国有商业银行缺乏一个真正人格化的产权主体来行使完整意义上的所有权，因此也不可能像私人所有者一样有充分的动力去行使所有者权利和监督银行经营者的行为，导致各种权利主体的角色移位、职能扭曲和行为边界的混乱。基于这种产权安排，我国的国有商业银行，从国家到银行总行、从总行到一级分行、二级分行、县支行等等，形成了很长的委托—代理关

[①] 随着我国国有商业银行股份制改造的完成，相信这种状况已有所改善，但当前这类问题还不同程度的存在，我们还不能完全避而不谈。

系链条，并呈现一个委托人对众多代理人的委托代理格局，导致银行组织结构复杂，层级较多，代理问题相当严重，银行对内部相关人员的监督费用加大。同时，这种层级结构也会使信息从基层银行和其经理传递到具有决策权的上级银行和其主管的过程中，出现较多的损耗，造成银行在向中小企业融资中的较高交易费用，特别是第一类信息费用和银行对贷款企业的监督费用。

其二，激励机制存在很大缺陷。有效的激励机制可以使经营者与所有者的目标保持基本一致，促进国有商业银行高效运行。目前，国有商业银行远没有建立起清晰、合理、市场化的激励机制，还存在很大的制度性缺陷，主要表现在以下两方面：一是不合理的收入制度。收入制度是通过对经营者报酬安排来激励和约束其行为的制度安排。国有商业银行的个人收入和业绩联系很不密切，收入水平基本上是事前确定，与业绩水平的相关程度很弱；二是不合理的组织制度。组织制度是从经营者的选择、权力赋予程度、评价、考核和监督等方面对经营者行为进行激励和约束的一系列制度安排。国有商业银行基本沿用党政干部的标准和管理办法选拔任用银行的高级管理人员，主要体现着"官本位"的激励制度，讲究行政级别。在这种激励约束机制下，经营者的收入、升迁等激励指标是不完全和经营绩效相关的。毫无疑问，这种激励在市场经济下是不经济的。因此，相对于大企业，中小企业识别和监督更加困难，尤其对在产权属性上大部分属于非国有经济的中小企业来说，这种情况更为明显。在激励机制存在很大缺陷的情况下，必然导致银行缺乏发现和识别"好"的中小企业并对其进行信贷支持的积极性，加重银行在向中小企业融资中的交易费用，特别是第二类信息费用和银行对贷款企业的监督费用。对于监督费用的加重，无论是银行对贷款企业的监督费用，还是银行对银行工作人员的监督费用，激励机制的缺陷必然导致这些费用的增加；而对于信息费用，银行缺乏发现和识别"好"的中小企业积极性的后果会使得第一类信息费用得以节约，但由于银行（特别是基层银行和经理）缺乏信息收集和生产的积极性，必然造成银行对中小企业信息的了解不足，不能有效剔除风险高的中小企业，从而导致进入信贷市场的中小企业在违约概率上偏高。而一般来说因贷款违约而造成的损失对银行而言都是较大的，也就是说在节约第一类信息费用的同时导致了第二类信息费用的增加。所以，总的来说，激励机制的缺陷必然导致银行对中小企业信贷融资中的更大的交易费用。

（二）银行体系的市场结构与交易费用

我们已经分析过，在我国的信贷市场上，工、农、中、建四大国有商业银行占据了绝对的市场份额，形成了高度垄断的银行业结构，而中小银行发展滞后，这必然会对中小企业信贷融资产生影响。业界一般认为：由于大银行和中小银行在组织模式、运行方式、地缘关系、银企关系、信息生产和传递等方面存在很大的差异，因此，大银行具有对大企业贷款的比较优势，而中小银行具有对中小企业贷款的比较优势。中小银行对中小企业贷款的这种比较优势主要体现在对中小企业的信息收集上，相对于大银行，中小银行一般具有在地缘上和中小企业更为靠近、在银企关系上更为紧密的特点，因此使得中小银行能够比大银行更好获取信息并监督贷款企业，从而有效节约信息费用和监督费用。而当前我国单一的、基本上是大银行一统天下的竞争结构，使得大银行在向中小企业融资中的交易费用相对较高。

总之，我国当前银行体系的所有制结构、治理结构和竞争结构，决定了我国的银行体系向中小企业信贷融资的交易费用是较高的。

第三节　信用支持体系运行状况与交易费用

中小企业信用支持体系主要包括中小企业信用担保体系、征信体系和信用评级体系等。显然，健全的征信和信用评级体系可以为银行信贷决策提供参考，降低银行对中小企业贷款中的搜寻和调查费用（即第一类信息费用），而中小企业信用担保体系，不仅有利于降低银行对中小企业信息了解不足而导致因贷款违约而造成的损失（即第二类信息费用），还有利于降低银行对贷款企业的监督费用。总之，完善的中小企业信用支持体系有利于降低银行的交易费用。但当前，我国较为落后和不甚规范的中小企业信用支持体系，使得银行向中小企业融资中的交易费用无法有效降低。其一，中小企业的征信体系发育程度还较为有限。近年来，随着市场经济的深入发展，我国征信数据库建设越来越受到社会各界的广泛关注，以企业和个人征信数据库代替银行信贷登记咨询系统已成大趋势，且发展速度较快，但总体上发育程度还有待提高，特别是在数据共享和信息采集范围上还存在一定的不足；其二，中小企业信用评级体系发育不健全。发达国家对中小企业的信用评级非常重视，并具有比较发达的企业信用等级评级体系，而我国缺乏权威性的大型信用评级机构，只是由会计师事务所或审计师事务所部分的承担信用评级职能，同时，我国没有专门为中小企业融资服务的信用评级机构；其三，中小企业的信用担保体系发育不良，担保公司资本金规模小、运行欠规范，与银行及企业沟通不够，以及担保收费过高等问题严重，从而导致其业务开展非常缓慢，公司运作步履维艰。总之，滞后的中小企业信用支持体系无法起到有效降低交易费用的作用。由于中小企业信用担保体系在信用支持体系中具有十分重要的地位，因此下面着重分析我国的信用担保体系。

一、我国信用担保体系的构建

信用担保体系的构建对于缓解中小企业信贷配给具有重要的意义。信用担保体系有助于提升中小企业的信贷条件，改善中小企业信贷可得性，从国际经验来看，国家扶持中小企业发展的主要做法就是建立完善的信用担保体系。我国中小企业信用担保实践起步于 1992 年，到目前为止，大体经历了探索阶段、试点阶段和完善阶段三个阶段。

　　探索阶段（1992—1997 年）：20 世纪 90 年代初，重庆、上海、广东等地的私营中小企业为解决贷款难问题，并防止相互之间担保造成连带债务问题，自发地探索建立企业互助担保基金和地方性商业担保公司，之后这种形式在一些省市得到了一定的发展。这一时期中小企业担保实践具有明显的企业自发探索特征，在担保机构的构建上是以企业互助、政府予以一定的资金支持为主要特点。

　　试点阶段（1998—1999 年）：1998 年，山东济南、安徽铜陵、江苏镇江等城市为解决中小企业贷款难问题，开始试点设立担保基金或组建担保机构。浙江、福建、云南、贵州等省的一些市县开始探索组建以私营企业为服务对象的中小企业贷款担保基金或中心。陕西、广东、湖北、北京等地开始出现科技、建筑等专业性担保机构。1999 年 6 月 14 日，国家经贸委印发了《关于建立中小企业信用担保体系试点的指导意见》，以贯彻执行政府扶持中小企业发展政策意图的中小企业信用担保体系正式启动。之后，一些地方政府陆续下发地方性中小企业信用担保体系试点指导意见并组建相应机构。这一时期中小企业担保实践的特点是，从地方多种形式的自我试点阶段逐步走向中央统一规划、操作规范的试点阶段。

　　完善阶段（2000 年至今）：2000 年 8 月 24 日，国务院办公厅转发国家经贸委《关于鼓励和促进中小企业发展的若干政策意见》，决定加快建立信用担保体系，要求建立和完善担保机构的各项制度，并探索组建国家中小企业再担保机构。由此，我国中小企业信用担保体系开始进入制度建设、组建信用再担保机构的阶段。2003 年 1 月 1 日，《中小企业促进法》正式实施，明确要求县级以上人民政府和有关部门应当推进和组织建立中小企业信用担保体系，推动对中小企业的信用担保，为中小企业融资创造条件。2005 年 2 月 19 日，国务院又下发了《国务院关于鼓励支持和引导个体私营企业等非公有制经济发展的若干意见》，明确支持非公有制经济设立商业性或互助性担保机构。随着这些政策措施的深入贯彻和实施，我国中小企业信用担保体系在实践中得到不断完善，呈现出规范发展的态势。

经过十几年的发展，我国已基本形成了以政策性担保为主体，互助性和商业性担保为重要基础的"一体两翼"的中小企业信用担保体系。担保机构层次主要包括地、市级担保机构、省级再担保机构和国家级再担保机构。

政策性担保机构在中小企业信用担保体系中居于核心地位，是政府间接支持中小企业发展的主要政策性扶持机构。政策性担保机构包括省以下、省、国家三级中小企业信用担保机构、国家中小企业信用再担保机构及省级中小企业信用再担保机构。政策性担保机构主要是地方经贸委会同财政、银行等部门共同组建，其担保资金主要是地方政府预算拨款。除个别地区按照部门隶属关系分别设立几个中小企业政策性担保机构外，各地区一般只设立一个中小企业政策性担保机构面向所有中小企业提供担保服务。

互助性担保机构是中小企业为缓解自身贷款难问题而自发组建的担保机构，其主要特征是自我出资、自我服务、独立法人、自担风险、不以盈利为目的。互助性担保机构资金来源有会员入股、其他民间投资以及会员风险保证金、国内外捐赠等。互助性担保机构依据国家规定和协议约定可以享受中小企业政策性担保机构提供的再担保服务和风险分担。互助性担保机构主要是地方工商联、私营企业协会等牵头，联合私营企业自发组建，其担保资金以会员出资为主，地方政府也给予一定的支持。互助性担保机构一般在区县和社区设立，运行规模相对较小。

中小企业商业性担保机构起步较早，但是由于担保风险与担保收益不成比例，因此除个别几个具有政府背景的国有商业性担保公司发展较快之外，其他商业性担保机构发展比较缓慢。中小企业商业性担保机构一般是企业、社会个人出资组建，也有国有独资的商业性担保公司。商业性担保机构以盈利为目的，除了从事中小企业直接担保业务之外，一般还兼营投资等其他业务。中小企业商业性担保机构依据国家规定和信用约定可以享受中小企业政策性担保机构提供的再担保服务和风险分担。

二、信用担保体系的运行情况与交易费用

不难明白：中小企业信用担保体系是有利于银行降低融资中的交易费用的，但其前提至少是要已经建立起一个结构较为合理、运行较为规范、且具有一定规模的信用担保体系。对此，我国的信用担保体系虽已基本形成，但显然还存在着不小的差距，因此信用担保体系在节约交易费用从而缓解贷款难上的作用是不能过分夸大的。

（一）担保体系在出资规模、补偿机制上的不足

我国中小企业信用担保体系的规模相对于庞大的中小企业融资需求还显得相对较小，难以在较大的范围上解决中小企业贷款难的问题。另外，我国中小企业担保机构的资金来源比较分散，既有政府全部或部分出资，又有企业出资、银行出资、社会资金、国外资金等，在出资方式上，除了现金出资外，还包括五花八门的实物投资，因此有些担保机构即使注册资金很多，其实际可支配的资金也相当有限。更为严重的是，个别担保机构注册资金不到位，其原因或由于某些企业或机构在注册成功后抽回入股资金，或由于地方财政由于财政拮据使得资金难以到位，造成个别担保机构存在空壳运作的现象。由于担保资金来源的相对不足，我国的中小企业担保机构难以形成规模效益，很难得到银行的信任，这必然导致担保机构的信用担保能力受到限制，阻碍担保机制在节约交易费用方面的功能发挥。

在担保资金的补偿机制上，政府大都是一次性出资，没有形成定期注入足够补偿资金的机制。对于政策性担保机构，它们不以盈利为目的，并且在经营管理上也存在一定的约束软化，这势必需要源源不断的资金支持，否则只能坐以待毙；对于互助性和商业性担保机构，在开展某些符合产业政策的担保项目时同样需要政策性担保机构提供再担保，

否则也可能因代偿过多而倒闭。而我国当前担保资金补偿机制的不完善，已经使得部分代偿较为严重的担保机构面临难以为继的窘境。一个连生存都成问题的担保机构，其后果必然是无法有效降低信贷融资中的交易费用。

（二）担保体系在机构发展上的不合理

当前我国构建的中小企业担保体系的基本格局为：以政策性担保机构为龙头，财政出资的政策性担保贷款在中小企业贷款总额中占重要地位；以商业性担保机构为主体。商业性担保机构数量众多，但普遍规模小，运行不规范；以互助性担保机构为补充。这类机构在数量上相对偏少，在规模上相对偏小。这样的格局使得我国的中小企业担保体系在降低银行交易费用方面的作用比较有限且难以为继。

我们知道，各种类型的担保机构都是有利于银行降低交易费用的，但是互助性担保机构不仅有利于降低银行的交易费用，还有助于降低信贷市场的交易费用，而政策性担保机构很难有这种效果，商业性担保机构则介于两者之间。其原因在于，互助性担保机构由于拥有信息上的优势和在更广泛地发现并管理好企业可抵押资产上的优势，使得其能更有效地降低信贷市场的交易费用，而大多数政策性担保机构则只是通过担保行为被动承担银行的交易费用，并不能降低信贷市场的交易费用。互助性担保机构的这种优势是由于互助性担保机构的会员企业一般来自同一行业协会或同一区域，相互之间对彼此的资产状况、经营情况、项目前景、信誉记录等相对比较了解，这大大节约了担保审批评估的交易费用；在可抵押资产的发现和管理上，互助性担保机构基于对会员企业的了解，可以更大限度的拓展用于反担保的资产范围；另外，互助性担保机构还能够通过会员企业的相互监督，以及各种正式或非正式的惩罚手段管理受担保的会员企业，促使各会员企业规范使用和按时归还担保贷款。上述的这种实质性差异使得互助性担保机构在选择担保企业上更加合理，在管理担保企业方面更有优势，从而代偿水平相对较低；而政策性担保机构由于缺乏信息等方面的优势，因而在支持符合产业政策的中小企业的同时，也可能使一些本不应该进入信贷市场的企业进入到信贷市场，从而代偿水平相对较高，需要财政资金源源不断地支持。在这种情况下，当外部的担保资金补偿有限的情况下，互助性担保机构凭借其自身优势具有更强的生命力，或者说互助性担保机构是更有效率的，而政策性担保机构则可能难以为继。从而从长效运行来看，互助性担保机构在降低银行（乃至信贷市场）交易费用上是较为有效的，而政策性担保机构在补偿资金充裕时可以较好的降低银行的交易费用，但一旦担保资金匮乏，则举步维艰。总之，在各类担保机构中，互助性担保机构具有得天独厚的降低信贷市场交易费用的作用，并且这种优势具有可持续性。

当前，在我国财政资金相对紧张、担保业监管制度建设相对滞后的客观现实下，这种以政策性担保机构为龙头、以商业性担保机构为主体的担保体系已经呈现出了各种弊端，如有些政策性担保机构亏损严重、业务萎缩、运行相当困难；有些商业性担保机构基于商业动机运行极不规范，造成金融风险等等。这使得我国的中小企业担保体系在降低银行交易费用方面的作用比较有限且表现出难以为继的端倪。

（三）担保机构在运行上的不规范

我们已经分析过，造成信贷配给的一个重要原因是在于银行在识别和监督某些合格企业时存在较大的交易费用，因而把它们拒之门外，而一个合理有效的担保体系能较好的识别和监督这些企业并通过担保服务帮助它们进入信贷市场。当前，我国担保机构识别和监督企业的能力及运行的规范性不容乐观。

对于以政府出资为主的担保机构，由于担保资金来源于财政，缺乏明确的利益主体，运行中存在着较为严重的"委托—代理"问题。在相关制度约束软化的情况下，担保机构的内部人控制现象必然严重，代理人可能基于自身利益而损害担保机构，担保中的不规范现象甚至腐败行为难以避免，如"人情担保"，导致对某些被担保企业难以做到严格识别和监督。另一方面，地方政府作为"委托—代理"关系中的委托人，出于政绩需要，有时可能对担保机构进行不合理的干预，如"指令担保"，使得担保范围无限扩大。政策性担保有时甚至成为地方政府帮助下属亏损企业套取银行贷款的工具。

对于互助性和商业性担保机构，除了不可避免地也会受到地方政府一定的行政干预以外，自身运行中的不规范现象也普遍存在。某些商业性担保机构成立的目的就是主要为其股东和关联企业提供担保服务，套取银行贷款，甚至就是为了进行民间融资或高利贷。寄希望于这样的担保机构对被担保企业进行识别和监督显然是注定会失望的。

显然，无论是政府出资的担保机构还是其他类型的担保机构，在运行上的不规范都可能导致不该进入信贷市场的企业进入了信贷市场，应该进入信贷市场的却被拒之门外，这非但难以节约，还可能加重银行的交易费用。

第四节　一个较深程度的均衡
——对中小企业信贷配给严重的解释

基于以上分析，想必各位读者已经清楚了我国中小企业信贷配给为何严重的原因。本小节在前文分析的基础上，结合"租值耗散—交易费用"框架，对中小企业信贷配给为何严重问题再作一简明扼要的解释。

一、数理和图示解释

第一节的分析表明：我国的银行业市场结构具有明显的垄断特征，这种高度垄断的银行业市场结构表现在信贷市场上就是——具有垄断力的大银行的信贷供给曲线中的 q 值是相对较小的。

第二节和第三节分析表明：其一，由于我国中小企业的运行特点决定了银行在向中小企业信贷融资中的交易费用是相对较高的；其二，我国当前银行体系的所有制结构、治理结构和竞争结构，决定了我国的银行体系向中小企业信贷融资的交易费用是较高的；其三，我国当前信用支持体系无法有效节约银行向中小企业融资中的交易费用。以上三点均使得银行在向中小企业信贷融资中存在较高的交易费用，即 $k(k_1, k_2)$ 值是相对较大的。

在中小企业信贷市场上，一个较小的 q 值和一个相对较大的 $k(k_1, k_2)$ 值必然导致信贷配给均衡利率 $i^* = \dfrac{Q_0 - k_1}{2(k_2 - q)}$ 相对较低，整个中小企业信贷市场由此可能存在严重的信贷配给问题，即中小企业贷款难。

从图示来看（图5-1），银行市场结构上的垄断特征导致了一条更为陡峭的边际租值耗散曲线 $\dfrac{\partial D(\cdot)}{\partial i} = Q_0 + qi$，而银行在向中小企业信贷融资中的较高交易费用则导致了一条相对平坦和右移的边际交易费用节约曲线 $\dfrac{\partial \Delta C(\cdot)}{\partial i} = k_1 + 2k_2 i$，从而形成了一个较深程度的信贷配给均衡（见图5-1实线的交点），使得信贷配给均衡利率 $i^* = \dfrac{Q_0 - k_1}{2(k_2 - q)}$ 较低，中小企业信贷配给程度由此严重。

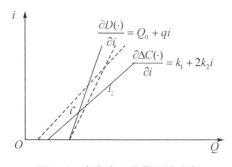

图5-1　中小企业信贷配给均衡

二、理论含义解释

我们已经知道：我国当前垄断型的银行市场结构导致了中小企业信贷市场的竞争程度不足；另外，由于企业、银行及信用支持体系的原因使得银行对中小企业信贷融资中的交易费用较高。在"租值耗散—交易费用"框架下，这两方面的原因导致了我国中小企业信贷配给问题的严重。

对于单个银行而言，市场结构的改变不是银行所能左右的，而通过对中小企业的利率控制来降低交易费用并取得正的收益却是银行所能掌控的。因此，银行具有在约束条件下通过主动控制利率而降低交易费用的动力，因为通过向下控制利率，银行可以从以下两方面节约交易费用。

其一，通过向下控制利率，使更多的优质中小企业进入信贷市场，造就一队健康的候贷者，便于银行在候贷的中小企业中挑选优质企业，从而降低银行搜寻和了解合格借款企业的费用，降低最终取得银行贷款的中小企业的总体违约水平，明显节约银行向中小企业贷款的信息费用。

其二，通过向下控制利率必然导致贷款的供不应求，使贷款市场始终保持着一队等候贷款的中小企业。这一队伍的存在必然对已取得贷款的企业造成一种压力，促使其能够遵守银行的各项规定，按时还贷付息，从而明显节约银行对中小企业的监督费用。

总之，由于银行在向中小企业贷款中存在的大量的信息费用、监督费用，使得银行不得不通过利率的向下控制，以求交易费用的节约，并在导致部分财富溢入公共领域而耗散的负面效应和节约交易费用的正面效应之间求得最优解。因此，从本质上来说，信贷配给纯粹是在中小企业信贷市场存在较高交易费用这一约束条件下银行的最优选择。

三、与国内主流贷款难理论比较

我们曾在第三章把国内流行的中小企业贷款难理论归纳为以下四种，即，银行市场结构论、所有制歧视（摩擦）论、企业规模歧视论、外环境缺陷论。实际上，除了所有制歧视论，其他理论均能在"租值耗散—交易费用"框架中找到支持。

对于所有制歧视论，由于在第四章构建新框架时并没有考虑所有制问题，因此新框架是无从对所有制歧视论作出解释的。这并非是我们的疏忽，而是充分考虑到了所有制歧视问题在西方国家几乎不存在，而我国的国有商业银行的"所有制偏好"观念也已经变得相当淡薄，这一理论的生命力正在逐步丧失，因此所有制歧视问题不应再纳入新框架。关于这一点，很多学者通过理论和实证研究明确不支持中小企业所有制歧视论，如李扬（2002）[①]、张捷（2003）就明确不支持这一观点。而对于以张杰为代表的所有制摩擦论（或称体制摩擦论），其重点显然在于国有体制的金融体系和民营体制的中小企业存在体制摩擦。这种摩擦我们可以把它理解为国有体制的金融体系在向民营企业融资中存在的较高交易费用（如代理问题、激励问题），因此也可以从"租值耗散—交易费用"框架下得到解释。

对于市场结构论，我们完全可以从"租值耗散—交易费用"框架中推出。我们已经讨论过，垄断型的银行市场结构必然有一个较小的 q 值，另一方面，以大银行为主导的银行体系在中小企业信贷融资交易费用方面存在一个相对较大的 $k(k_1, k_2)$ 值，因此，垄断型的银行市场结构必然导致我国中小企业信贷市场均衡利率水平 $i^* = \dfrac{Q_0 - k_1}{2(k_2 - q)}$ 值较小，从而信贷配给较为严重。由此可见，市场结构论只是"租值耗散—交易

[①] 李扬. 拨开迷雾——著名经济学家李扬谈中小企业贷款难 [J]. 银行家，2002（10）.

费用"框架的一个推论。同样的，中小企业由于自身运行上的不确定性、欠规范等原因导致较高的交易费用，从而导致较为严重的信贷配给，这可以解释企业规模歧视论；而我国信用支持体系的不完善等原因，使得信贷市场的交易费用无法有效降低，这也完全可以解释外环境缺陷论。

上述分析表明，除了已逐步失去理论解释力的所有制歧视论，其他几种关于中小企业贷款难的主流理论都可以从"租值耗散—交易费用"框架直接推出。它们只是站在某个角度，从"租值耗散—交易费用"框架自然而然演绎出来的推论。由此可见，我们的新框架对于解释中小企业贷款难问题具有更为全面和强大的解释力。

第六章

我国中小企业信贷融资中的租值分割及后果

对于中小企业信贷配给，在"租值耗散—交易费用"框架下，由于银行在向中小企业的信贷融资中会存在较大的交易费用，因此信贷配给的程度是较强的，因而银行主动控制利率而置入公共领域的财富也必定是较大的，这部分财富同样会被相关利益主体加以分割或形成纯粹的耗散。

既然我们使用"交易费用—租值耗散"框架对我国中小企业信贷配给问题进行研究，这就必然要求我们既要深入分析交易费用，又要深入研究租值耗散。在第五章，我们已经用了较长的篇幅讨论了我国中小企业信贷融资中的交易费用问题，而对租值耗散涉及较少。本章将着重讨论这一问题，特别是其中的租值分割问题。

从第四章的相关介绍中我们知道，价格管制会导致部分财富置于公共领域，而置于公共领域的财富一般不会被全部的纯粹耗散，因为相关利益主体会竭力攫取这些财富，因而租值耗散实际上应该包括租值分割和纯粹的租值耗散两种方式。对于中小企业信贷配给，在"租值耗散—交易费用"框架下，由于银行在向中小企业的信贷融资中会存在较大的交易费用，于是信贷配给的程度是较强的，因而银行主动控制利率而置入公共领域的财富也必定是较大的，这部分财富同样会被相关利益主体加以分割或纯粹的耗散。纯粹的租值耗散是社会福利的净损失，是信贷市场失灵的社会代价，当然是越小越好。在信贷市场上纯粹租值耗散的表现形式主要是获取贷款过程中的时间冗长、手续繁琐等，企业不得不把大量的时间精力浪费在等待中，浪费在和银行工作人员的无谓客套中等等；而对于租值分割，虽然从价值判断上不一定合理，部分的还可能导致信贷融资中的腐败行为，但却是有一定效率的，它有力地避免了很多置于公共领域的财富被纯粹地耗散，使部分财富在相关主体间得到了重新分配。

对于中小企业信贷融资中的租值分割，其行为主体主要包括银行、企业、银行从业人员以及提供信用支持的相关机构等。银行通过向中小企业要求额外的贷款条件以及采用降低服务质量以控制成本支出的方法分割租值；银行从业人员则可能通过信贷融资中的腐败行为分割租值；相关信用支持机构通过收取各类费用（如担保费、评估费、公证费等）分割租值；中小企业则通过支出各类费用以在信贷配给下获取贷款。一般这类费用支出的总和折合为追加利率，是不会超过在完全信息下企业意愿支付的利率水平和在信贷配给下企业获得贷款的利率水平的差额的，否则企业宁可不申请贷款，因而中小企业也可以分割到部分租值。总之，这些行为主体都会设法分割租值，它们在租值分割中的行为特征也构成了我国中小企业信贷市场运行的重要特征。

第一节　银行对租值的分割

银行对租值分割的机理与第四章介绍的排队模型中加油站和消费者的租值分割非常相似。在排队模型中，汽油的价格管制会导致部分财富置于公共领域，加油站和消费者会竭力攫取这些财富。对于加油站，对付价格管制从而降低由其带来的损失的办法，可以采用诸如把汽油和其他不受价格控制的商品（这种商品可能加价）一起销售的方法来攫取部分置入公共领域的财富；而对于消费者，只要商品的加价幅度小于其排队的时间成本，他们就会愿意接受这种安排以绕过排队，最终的结果是消费者也攫取到了部分置入公共领域的财富。类似的，对于中小企业信贷市场，银行同样有动力分割因主动的利率控制而置入公共领域的财富，其租值分割方式主要是通过向中小企业要求额外的贷款条件而进行，可能的分割形式有：补偿性余额（Compensating Balance）①、"存一贷二"、结算账户要求、信用储备等。除此之外，银行还可以采用降低

① 补偿性余额在赫尔曼、穆尔多克、斯蒂格利茨的《金融约束：一个新的分析框架》一文中也有论述，本书对补偿性余额的分析和赫尔曼等人的分析在方法上有相似之处，但在视角上具有质的不同。

服务质量以控制成本支出的方法分割租值,这可以从银行对中小企业信贷融资(和大企业信贷融资相比)的服务质量相对较差得以验证。

一、额外贷款条件

(一) 补偿性余额

补偿性余额是指银行要求贷款企业在银行中保持按贷款限额或实际借用额的一定百分比计算的最低存款余额。余额的数量通过银行和企业的谈判而达成。

在"交易费用—租值耗散"框架下,补偿性余额是银行攫取置入公共领域财富的一个有效手段。通过补偿性余额,银行可以分割到部分租值,而对于中小企业,只要由此带来的利息损失(机会成本)小于由此节约的排队成本,这种安排也是可以接受的,从而也就分割到了部分租值。为此,银行和企业为了更多地攫取置入公共领域的财富会进行相关的谈判,以确定补偿性余额的数量,也即是银行和中小企业会就租值分割进行谈判。对于银行,最好的结果是攫取到置入公共领域的全部租值,但这种愿望通过单纯的补偿性余额方式是达不到的。其一,补偿性余额一般是非法的;其二,补偿性余额还要受企业谈判能力的约束。企业谈判能力越强,银行通过补偿性余额得到的收益越小;其三,还要受企业在租值分割中的成本与收益的约束。当企业接受协议而带来的成本(机会成本)支出大于所能分割到的租值时,企业必然退出谈判。因此,最终确定的补偿性余额总是能让银行和中小企业均能分割到部分租值。实际上,补偿性余额是一种隐性的价格机制,通过这种价格机制节约了租值的纯粹耗散,因而尽管其可能是非法的,但却是有效率的。

（二）"存一贷二"

"存一贷二"是指贷款者向银行存入一笔资金，银行可以贷给贷款者两倍数额的资金。"存一贷二"可以让银行在较好的控制风险的条件下增加利差收益。与此相类似，还有"存一贷三"、"存一贷四"等方式。

在"交易费用—租值耗散"框架下，"存一贷二"也是银行分割租值的一种有效手段。银行要求申请贷款的中小企业"存一"，这就能为它攫取到了"一份"利差额度的租值，而企业实际只获得"一份"贷款并要多支付"一份"利差额度的成本。很明显，银行分割到了部分租值，而企业通过多支付"一份"利差额度的成本而使其获得了贷款。由于信贷配给利率一般要低于企业意愿出价的利率水平，因此中小企业在扣除成本后也分割到了部分租值。

（三）结算账户要求

结算账户要求是指银行在向企业贷款中把企业在获取贷款后在该银行开设结算账户作为一项额外的贷款条件。这一措施既有利于银行有效监督贷款企业，也有利于银行更多的赚取利差收入。我们知道，根据不同企业的实际运行状况，结算账户上总是或多或少地会有资金存留，由此银行可以根据大数定律运用这部分资金以增加收入，从而为其租值分割创造了条件。

（四）信用储备

此处的信用储备是指企业可以在资金较为富裕的时候与银行签订和约，预先支付一定数额的利息来换得银行的一个承诺，这个承诺就是在企业有资金需求的时候银行必须给予企业一定数量的贷款。在"交易费用—租值耗散"框架下，信用储备使银行分割到了部分租值。因为银行无偿占有了企业部分货币的时间价值，而企业以放弃部分货币的时间价值作为攫取租值的成本，使其也能够在未来获得的贷款中分割到部分租值。

以上几种银行分割租值的形式在我国信贷市场上虽然局部存在但总体上不是很普遍。可能的原因是：其一，国有特征的商业银行在所有制属性上就决定了银行缺乏对租值分割的激励；其二，这些为分割租值而设置的额外条款不一定合法，而银行一般都比较注重自己的声誉；其三，额外条款的缔约需要花费一定的交易费用，比如银行需要花费一定的资源在讨价还价上，使得实际分割的租值有限，银行缺乏动力。虽然我国商业银行参与租值分割的现象不普遍（这也恰恰说明了我国商业银行激励机制的缺陷），但作为一种经济现象，我们还是有必要对其做出经济学上的解释的。

二、降低信贷融资的服务质量

银行分割租值的另一种方法是在给定的利率水平上降低服务质量等成本的耗费，由此获取因利率控制而进入公共领域的部分财富。总体上：一方面，那些本身具有较高服务效率的银行，可以通过降低对中小企业的服务质量分割到较多的租值，而那些本身服务效率较低的银行，则更多的只能依靠其他方式分割租值。另一方面，对中小企业而言，这种服务质量的降低一般会加重企业获取贷款的时间耗费和货币耗费。额外的时间耗费会导致纯粹的租值耗散，而额外的货币耗费则属于在利率机制受局限下的一种隐性的、补充性的价格机制，它本身并不会导致纯粹的租值耗散，只会导致租值在不同主体间的转移和分割。

相对于大企业贷款，银行在对中小企业贷款时的服务质量是相对较低的。主要表现在：在部门设置上，虽然很多银行已开始探索中小企业贷款的分类管理模式，但是仍有部分银行采取对所有类型客户由同一部门管理和营销或将中小企业贷款业务分散于公司业务部和个人（零售）业务部两类部门管理和营销，没有设置专门的部门来为中小企业服务；在信贷人员的配备上，中小企业信贷市场的人员配备相对不足并且"非专业化"倾向严重，同一名信贷人员往往负责多种类型的客户管理，信贷人员素质和专业水平难以适应中小企业信贷市场；在贷款风险定价机制上，很多银行仍然将中小企业贷款的定价等同于其他客户来一并操作，未能开发设计出一套适宜于中小企业的风险定价机制；在信贷产品创新上，针对中小企业的相关贷款产品明显偏少，产品创新显著不足。

总之，银行在向中小企业贷款中的服务专业化和服务水平都是相对较差的。通过这种方式，银行节约了在对中小企业贷款中的成本支出，从而可以更多的分割到置入公共领域的财富，而对于中小企业，在银行服务质量降低的情况下，其相应的货币和时间支出必然加大，部分的导致纯粹的租值耗散。

三、银行参与租值分割的后果

银行参与租值分割的方式不同，其所带来的效应或后果也是不同的。银行以额外贷款条件的形式参与租值分割，这实质上是银行除运用利率机制以外还运用其他价格机制对信贷产品做进一步定价。这可能使银行在同等的"名义"利率水平上供给更多的信贷资金，即银行信贷供给曲线（ $Q = Q_0 + qi$ ）中的 Q_0 或 q 值可能会增加，而无论是哪一项参数的增加，均会使边际租值耗散曲线 $\left[\dfrac{\partial D(\cdot)}{\partial i} = Q_0 + 2qi \right]$ 向有利于缓解信贷配给的方向移动。从图 6-1 来看，该曲线从实线处移动到虚线 A 处，从而提高了均衡信贷配给利率，一定程度上缓解了信贷配给。同时我们也不难发现，额外贷款条件折合为追加利率实际上使得企业负担的贷款利率水平提高，那么银行为什么不采用直接提高利率的方式而要采用额外贷款条件呢？其原因在于，额外贷款条件使得企业的部分资金

"掌握"在银行手中，这为银行提供了一种抵押机制，有利于银行节约信息费用，并且如"结算账户要求"等之类的额外贷款条件还能为银行提供一种监督企业的便利途径，从而可以使银行更多地节约监督费用。总之，这种由额外贷款条件所产生的抵押和监督效应可以使银行的交易费用大为减少，显然单纯地提高利率并没有这种抵押和监督效应，从而也无法节约，实质上反而会加重银行的交易费用支出。从图 6-1 来看，额外贷款条件产生的交易费用节约效应可能会使边际交易费用节约曲线（$\frac{\partial \Delta C(\cdot)}{\partial i} = k_1 + 2k_2 i$）向有利于缓解信贷配给的方向移动，即该曲线从实线处移动到虚线 B 处，从而进一步提高均衡信贷配给利率，一定程度上缓解了信贷配给。但额外贷款条件也不可避免地存在一些不利后果：一方面，额外贷款条件的达成需要银行和企业支付大量的谈判费用，这必然削弱其积极方面的效应并在一定程度上造成资源的浪费（纯粹的租值耗散）；另一方面，额外贷款条件的盛行也可能使银行过多地榨取中小企业的剩余福利，不利于中小企业的长远发展。

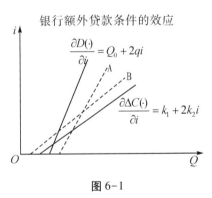

银行额外贷款条件的效应

$$\frac{\partial D(\cdot)}{\partial i} = Q_0 + 2qi$$

$$\frac{\partial \Delta C(\cdot)}{\partial i} = k_1 + 2k_2 i$$

图 6-1

对于银行分割租值的另一种方式如：降低服务质量，这种方式必然带来一些不良的后果。最明显的后果是我们提到过的，由于银行降低服务质量，使得企业为获得贷款不得不付出更多的额外耗费，从而部分的导致纯粹的租值耗散。同时我们必须注意到，银行降低服务质量可能会使银行在某些方面的交易费用得以节约，但是银行由于机构设置、人员配备等方面与中小企业信贷融资的实际需求不相匹配，因此可能会由于银行对中小企业的识别和监督不力带来更大的损失，从而在总体上可能加重银行在向企业融资中的交易费用（特别是第二层含义的信息费用①）。因此中小企业信贷市场有可能陷入这样一种恶性循环：银行为了分割租值降低服务质量→企业违约的概率增加从而加重银行的交易费用→银行更有动力通过利率控制节约交易费用从而加重信贷配给程度→信贷配给程度的加重使得更多的租值置入公共领域，这样会导致银行为了分割租值进一步降低服务质量。

第二节　银行从业人员对租值的分割

　　银行从业人员参与租值分割的典型形式是信贷腐败。在此，信贷腐败是指企业或个人在向银行获取信贷融资过程中，银行从业人员利用手中职权寻租或共谋而产生的腐败行为。信贷腐败是金融腐败的一种，也是构成银行操作风险的重要组成部分。信贷腐败的范围很大，小到零碎的各种收礼、吃饭，大到巨额的贪污受贿及欺诈等等。在我国，银行从业人员通过信贷腐败分割租值的数额是非常巨大的。

一、信贷腐败的必然性和一定程度的合理性

　　信贷腐败严重地扰乱金融秩序，危害金融安全，是法律所不允许的。但在配给的信贷市场上，信贷腐败总是或明或暗的存在，难以杜绝。实际上，当我们站在"交易费用—租值耗散"的框架下看问题时，

----

　　①　由于银行对企业信息了解不足而导致贷款违约而造成的损失。参见第三章对信息费用的界定。

不难发现，信贷腐败虽不合法，但在信贷配给的市场中却有其存在的必然性和一定程度上的合理性。

我们知道：一方面，主动控制利率的信贷配给会造成大量的财富置入公共领域，任何理性经济人都有动力去攫取这些财富，银行从业人员也不例外，这就成为了信贷腐败难以杜绝的必然性之所在；另一方面，就某一笔信贷交易而言，如果置入公共领域的财富全部的纯粹耗散，这势必会造成社会福利的净损失，而信贷腐败使得银行从业人员和企业都分割到了部分租值，减少了这种纯粹耗散，因此也具有一定程度的合理性。但是就整个信贷市场而言，信贷腐败会严重扰乱金融秩序，强化信贷市场的逆向选择，危及到金融体系的安全，因此必然是我们努力杜绝的对象。在巴泽尔的排队模型中有这样一个例子形象的说明了在缺乏秩序情况下的逆向选择现象。这个例子说得是，"假定有一公告，装有一百万美元的一个包裹将给予在某地点排队的第一个人。那么第一个听到该公告的人可能会马上冲到此地以等候包裹的到来。但是，如果排队秩序没有得到维持的话，这一百万美元的最后得主就可能是某位开着装甲车、拿着机关枪的人。如果缺乏治安，第一个听到该公告的人也许就不会枉费心力去排这个队，除非他或她有能力与拿着机关枪的人有效地进行竞争"①。联系到信贷市场，我们可以得出相似的推论，即，如果信贷市场秩序混乱，腐败成为获取信贷资源的重要砝码时，那么最终进入配给的信贷市场的只有那些具有腐败及相关能力的企业，而这类企业往往又与其自身的高风险性相联系。

从以上的分析不难知道，在中小企业信贷市场上，如果置入公共领域的财富较多的话，那么信贷腐败可能盛行；如果与此同时相关秩序由于存在制度性缺陷使得无法有效维持的话，那么信贷腐败必然盛行。即，给定置入公共领域的财富，信贷腐败的程度取决于信贷秩序。对于置入公共领域的财富，我们已经通过前面相关章节的讨论，知道中小企业信贷市场上存在更为严重的信贷配给现象，因此，其置入公共领域的

---

① 巴泽尔. 产权的经济分析 [M]. 上海：上海三联书店，上海人民出版社，1997：18.

财富必然是较多的；而对于信贷秩序，我们通过下文进一步的探讨可知，我国信贷市场的信贷秩序存在制度性的缺陷。由此，我国中小企业的信贷腐败必然是难以乐观的。

二、信贷市场的制度性缺陷与信贷腐败

在信贷市场上，站在银行的角度来讲，直接与信贷秩序相关的有金融法律法规建设等因素，而间接与信贷秩序有关的还应包括产权制度、治理结构、内控机制等因素。因此，信贷秩序与这些诱发银行从业人员道德风险的相关因素息息相关。不难想象，在产权约束弱化、治理结构不完善、内控制度落实不力、相关法律法规建设滞后或约束软化等情形下，银行从业人员攫取租值的动力就越大，道德风险问题必然凸显，信贷腐败必然更为盛行。

（一）法律法规软约束

法律法规软约束必然导致信贷腐败问题的凸现。对于理性经济人，在腐败行为可以带来巨额收益而所需承担的成本又相对较小的制度环境下，腐败现象必然严重。

改革开放以来，我国的立法工作和执法工作的成效是非常显著的，但是与信贷腐败相关的法律以及相关的会计准则都还存在着很多问题和不足，直接影响到我国金融环境的净化和治理。从执法环节看，我国惩治和打击信贷腐败的力度还比较弱，一些严重扰乱金融秩序的行为，只能定性为违规，而不能定性为犯罪，这样就降低了信贷腐败的成本，在一定程度上增大了信贷腐败发生的几率。

（二）银行产权制度、治理机制缺陷

银行的产权制度、治理机制与银行从业人员的信贷腐败具有很强的相关性，一家产权明晰、治理科学的商业银行，其银行从业人员的道德风险问题必然是相对较轻的，因而信贷腐败的现象也是相对较少的。当前，我国国有商业银行产权虚置、所有者缺位特征还较为明显，国有商业银行缺乏一个人格化的产权主体来行使完整意义上的所有权，所有者监督的缺位是国有商业银行公司治理结构的一个根本缺陷。这导致无法保证对银行从业人员的选择质量和其行为的监督效率，滥用职权的行为难以得到控制和及时制止，从而为信贷腐败创造了制度性条件。银行产权制度、治理机制缺陷主要表现在以下几个方面：

其一，内控制度落实不力。内控制度是商业银行对内部管理活动进行衡量和纠正的制度安排。对于我国的商业银行，不少信贷腐败案件的产生并非由于内控制度不健全，而是由于既定的内控制度得不到落实。那么，各级银行高级管理人员为什么没有积极性落实与强化内控制度呢？原因有三个：首先，大量具体的内控制度主要是各级银行高管人员针对基层业务部门实行的，而对高管人员自身的控制则是由其上级管理部门执行的，因此，管理人员的级别越高，受内部控制的约束力越小。其次，商业银行普遍将内部审计部门置于同级行长的管理之下，内部审计部门对行长负责，内部审计人员的工资报酬由管辖行行长决定。这种管理体制使内部审计部门独立性不强，不利于发挥内部审计对管理层的控制和监督职能，出现了内部控制"控下不控上"的局面，使高级管理人员游离在内部控制范围之外。最后，我国的商业银行特别是国有商业银行长期以来实行行政化管理，国有银行管理人员均是具有行政级别的官员，存在一定的长官意识，并且在中国传统文化中关系、情面观念根深蒂固，造成内控文化缺失，虽然银行制订了一系列的制度，但在实际执行过程中，"情面大于制度"的现象时有发生①。正是由于内控制度的落实不到位，特别是对银行高管人员的软约束，更加助长了银行从业人员的信贷腐败。

其二，内部人控制问题。国有商业银行产权虚置、所有者缺位，很容易导致银行高管人员利用产权上的弱控制而形成事实上的"内部人"控制；同时，国有商业银行采用的行长负责制，使分支行主要负责人拥有很大权力，主要有人事权、资源支配权、及借助人事权衍生出的对主要业务（尤其是信贷业务）产生影响的变相权力。上述权力的不正当使用或滥用会导致严重的银行"内部人"控制问题。银行高管案件涉案人员大都为一把手，且常有几名银行内部的同伙，正是分支行"内部人"控制的真实写照。在"内部人"控制的格局下，严密的规章制度可能会变得名存实亡，完善的内控制度可能会成为一种摆设，从而为信贷腐败打开方便之门。

其三，外部人控制问题。在此，外部人控制是指政府和监管者利用直接或间接的行政权力影响商业银行特别是国有商业银行管理层做出不一定符合经营原则的决策的现象。在我国当前的转轨经济中，国有商业银行经常被要求实现双重目标：一方面，承担着国有资产实现保值增值的使命，要求以利润最大化作为经营目标；另一方面，又要求其自觉地作为国家推行经济政策的工具，其任务可以涵盖促进经济结构调整、实现产业政策乃至扩大就业、实现社会保障等②。由此可见，对于国有商业银行所有者的政府及监管者，其目标不一定是利润最大化的；另外，国有商业银行的高级管理人员也是具有一定行政级别的"官员"，其效用函数中包含着很大的行政激励变量的权重，这使得政府和监管者很容易通过对国有商业银行管理层的影响，使不一定符合经营原则的决策得以顺利实施，外部人控制问题由此变得严重。在这种局面下，国有商业

---

① 万杰，苗文龙. 国内外商业银行操作风险现状比较及成因分析 [J]. 国际金融研究，2005（7）.

② 本部分内容参考了西南财经大学 2001 级博士王恬同学的博士论文。王恬. 中国商业银行的信用风险定价、分散与转移问题研究 [D]. 成都：西南财经大学，2004：88-89.

银行被迫承担了较多的"政治任务",大量呆坏账及亏损的责任也就变得难以划分,由于政府和监管者显然不受金融监管的制约,因此尽可以把责任转嫁给它们,不恰当的行政干预成为不良贷款的借口也就在所难免,从而为部分信贷腐败的后果找到了开脱的渠道。

通过以上的分析可知:一方面,我国的中小企业信贷市场存在着大量置入公共领域的财富;另一方面,对银行从业人员的制度软约束在我国的银行体系普遍存在。因此,中小企业信贷腐败必然较为严重,银行从业人员由此成为了中小企业信贷市场租值分割的主要行为主体之一。实际上,我国当前信贷腐败较为严重的状况还与我国当前所处的经济转型的特殊时期是分不开的。因为传统计划体制不能赋予其分割租值的机会,市场体制剥夺其赖以分割租值的权力,两者都不能充分提供信贷腐败的必要条件。唯有在当前的经济转型过程中:一方面让市场体制的力量在商业银行体系中逐步深入;另一方面,政府任命的银行高管以及重要岗位的银行从业人员支配资源的权力仍存在较为严重的软约束问题,在激励机制存在缺陷的环境下,权力寻租甚至银行案件的催生也就难以防控和杜绝了;同时,这种状况也是与当前的金融发展水平较低的客观现实是分不开的,因为高度发达的金融发展水平必然能为企业提供形式多样的融资渠道,降低企业对银行信贷融资的依赖程度,从而缓解信贷腐败。

三、信贷腐败的实际判断

由于对企业划分标准的模糊性以及相关数据的匮乏,单独对我国中小企业信贷市场的腐败程度做出实际判断具有很大的难度,本部分拟参考和利用谢平、陆磊(2005)[①]对我国信贷市场腐败程度的实际调查来侧面说明我国中小企业信贷市场的腐败程度。

---

① 谢平,陆磊. 中国金融腐败的经济学分析[M]. 北京:中信出版社,2005:45-50.

（一）信贷腐败的总体判断

谢平和陆磊通过问卷调查显示，81.8%的人（36.6%+45.2%）认为金融机构利用资金配置权进行腐败交易在经济生活中属于"非常普遍"和"比较常见"的现象，只有不到20%的人认为这种情况"很罕见"或根本"没有发现"。问卷还表明，45.5%的人认为，获得贷款需要给银行人员以好处；这一点在农户和个体工商户群体中体现得更为强烈，73.7%的人认为需要给好处。由此可以判定，我国的信贷腐败问题十分普遍且较为严重。

（二）金融机构人员收入及消费判断

对公众来说，确定某个从业人员是否腐败往往是不可观测的，但是，他们的消费情况是直接暴露在社会的视野中的，因此对相关从业人员的消费状况调查也可以在一定程度上说明行业的腐败状况。谢平和陆磊调查表明，只有不到三分之一（31.1%）的人认为，金融机构负责人和信贷人员的消费基本符合收入水平；40.5%的人认为确实有少数人消费高于收入；16.8%的人认为多数人消费高于收入；11.6%的人认为普遍存在消费高于收入的状况。他们的调查还发现，多数人对金融机构内部岗位的收入排序是：行社领导、信贷人员、会计人员和其他人员。同时，多数人认为，影响收入差距的原因的排序是：信贷权限（也就是资金配置权）、存款资源和效益。

由此可见，很多金融从业人员在公众心中是"高消费群体"的形象，其消费情况与其正规收入是不相符的，因此必然存在着"灰色收入"渠道，这可以从侧面佐证银行从业人员信贷腐败的存在性。并且信贷权限与收入的相关性也说明了不同层次的银行从业人员可能导致的信贷腐败程度。

（三）贷款租金估计

如何估算信贷市场的租金规模非常困难。谢平和陆磊在调查中把贷款申请中发生的费用近似作为第一类租金；把维持信贷关系所花费的费用作为第二类租金，并请参与问卷调查的企业和农户独立进行估计。谢平和陆磊的调查结果显示，就全国而言，平均每100万元正规金融机构贷款的申请费用接近4万元，各地存在一些差异，有的差异还很大。农户和个体工商户被寻租的境遇更加糟糕，其平均1万元贷款的申请费用接近600元。这意味着，企业一次性直接支付的费用大约占本金的4%，而农户与个体工商户支付的费用约占6%。同时值得关注的是，当前银行和信用社对企业、农户的贷款多以一年以内的短期贷款为主，这表明几乎每年企业和农户都必须多支出4%~6%的利息。此外，企业付出的第二类租金折合年利率大约是5%，而农户略低一些，接近3%。如果把两类租金结合起来，可以发现，企业贷款和农户贷款所有成本折合为追加利率大约都是9%（分别是4%+5%和6%+3%）。由此可见我国信贷腐败的程度。如果我们假设9%利率的额外负担只适用于我国总贷款余额中的一半，其总量也已经相当于2006年我国GDP的5%[①]。而这一部分资源既没有回到银行，更不可能使存款人获益，它们大多数进入相关银行从业人员的腰包。由此可见，我国的银行从业人员通过信贷腐败的形式攫取了大量的租值，因此银行从业人员必然也是中小企业信贷市场中一个重要的租值分割的行为主体。

四、信贷腐败的后果

从"租值耗散—交易费用"框架来看，信贷腐败会弱化银行通过

[①] 2006年金融机构各项贷款余额为238 280亿元，国内生产总值为210 871亿元。

信贷配给降低交易费用的效果。我们知道，银行之所以对企业进行信贷配给，其主要原因在于银行在筛选、识别以及监督企业时需要付出大量的交易费用，而信贷配给有利于把大量劣质企业排除在信贷市场之外，从而降低交易费用。而当信贷腐败盛行时，相关银行从业人员为了分割租值，可能会把大量的劣质企业引入到信贷市场，即产生逆向选择效应，很明显，这部分企业会加重银行的信息费用和监督费用，从而使得银行降低交易费用的最终结果受到挑战。更为甚者，当部分银行从业人员和企业达成共谋以共同分割租值时，相关有利于缓解信贷配给的措施也必然会受到阻碍。因为作为既得利益者的银行从业人员和企业，会有很强的动力维持现状，即保持现有的低利率水平，使得大量的财富置入公共领域以利于共同分割，从而强化了信贷配给。

另外，信贷腐败还可能导致某些银行从业人员在后续的企业信贷融资中，不是自愿而是被迫和企业结成同盟，共同来欺诈银行。某些银行从业人员在一开始对企业贷款时可能会基于两方面的考虑：其一，企业基本符合信贷要求（而实际上由于银行从业人员和企业间的信息不对称，企业可能根本不符合信贷要求）；其二，本人可以分割到一定的租值，于是信贷腐败就发生了。而随着企业运行的恶化，原先的信贷可能产生问题并对其产生危害，此时参与信贷腐败的银行从业人员通过和企业的密切交往，与企业基本上也不再存在信息不对称，但是为了把信贷责任转移出去或期望企业渡过难关以解脱责任，当企业要求再融资时，某些银行从业人员会和企业一起合谋以欺骗继续处于信息不对称之中的银行（此时可能不再为了腐败），从而导致银行风险的累积放大，这部分风险一旦转化为现实的损失，即表现为银行不得不承担向企业信贷融资中更多的交易费用。总之，信贷腐败会加重银行向企业融资中的交易费用并进一步强化信贷配给。

要从根本上降低银行从业人员的信贷腐败现象，还是要从中小企业信贷腐败的根源入手。如果我们能使置入公共领域的租值极小化，同时不断强化信贷秩序，那么信贷腐败必然，无从立足。对于减少置入公共领域财富的措施，实际上任何有利于缓解中小企业信贷配给程度的措施必然都能减少置入公共领域的财富，这些具体的措施将在第七章探讨；对于强化信贷秩序问题，我们只有通过加快相关法律法规建设，努力推进我国商业银行体系的市场化改革，切实建立起科学有效的企业治理机制，才能解决我国商业银行制度软约束问题，有效降低和控制信贷腐败的程度。

第三节　信用支持体系及企业对租值的分割

信用支持体系主要包括信用担保体系、信用征信和评级体系等，当然从有利于信贷市场顺利运行的角度，还应包括法律、会计、咨询等面向中小企业的社会中介服务机构。在中小企业信贷市场上，信用支持体系通过自己的相关服务有力地降低银行在向中小企业融资中的交易费用，帮助合格的中小企业取得信贷融资，并通过合理地收取各类服务费用（如担保费、评估费、公证费等）分割到部分租值。不过，在我国当前的金融、经济环境下，某些信用支持及服务机构为了更多的分割租值，也不乏违规甚至违法现象的存在，如担保机构的违规担保、资产评估中的腐败现象等，给信贷市场顺利运行造成了严重损害和非常恶劣的影响。以会计师事务所为了增加收入不惜为企业做假账为例，这虽然为其分割到了部分租值，但却使得银企之间的信息更加不对称，从而增加了银行的交易费用，一定程度上加深而非缓解信贷市场的信贷配给程度。考虑到中小企业信用担保体系在信用支持体系中的重要地位，下面主要以我国信用担保体系为重点分析租值分割问题。

世界上实行市场经济的国家扶持中小企业发展的通行做法是建立中小企业信用担保体系，这是政府综合运用市场经济手段调控国民经济运行的重要手段，是改善中小企业融资环境的必要措施。从国际经验来看，政府往往能在中小企业信用担保体系的建设和运行中发挥比较重要的作用，我国的信用担保体系也不例外。当前，我国设立的信用担保机构在运行方式上可以区分为政策性担保机构、互助性担保机构和商业性担保机构。在所有制结构上，我国的信用担保体系中各级政府的出资占有很大的比例，民营资本所占比例虽然逐年上升但总体处于从属地位，主要可区分为政府全资型、民营资本参与的政府主导型、民营资本为主的政府扶助型、民营全资型四种。由于政府出资的信用担保机构和民营资本出资的信用担保机构在产权安排、治理结构、激励机制等方面的差异，它们对租值分割的追逐也具有质的不同。下面从所有制角度讨论政府全资型和民营全资型这两类信用担保机构在租值分割中的行为，其他两类信用担保机构可以根据政府出资比例及干预力度大小参照以上两类信用担保机构。

一、政府全资型信用担保机构对租值的分割及后果

我国政府全资型信用担保机构在解决中小企业融资难问题中发挥着很大的作用，但是由于这类机构存在严重的委托—代理问题，在相关的治理机制无法有效建立的情况下，极易产生"内部人控制"问题和"外部人控制"问题。其运行中的主要特点有：主要领导由上级主管部门委派，容易出现行政干预问题；对国有资本缺乏有效的监督，发生代偿风险时容易得到政府的补偿；行政命令式的为中小企业服务的宗旨容易在现实运行中偏离，担保机构总体上缺乏开拓业务的动力，等等。

在这种情况下，担保机构对租值的分割实际上包括三个层面：第一个层面是作为法人主体的担保机构通过为中小企业提供合理的贷款担保而得的担保费收入，这是一种合理合法的租值分割；第二个层面是作为担保机构代理人的经理层及相关工作人员以收取一定的腐败费用为额外条件来为中小企业提供担保服务，这是"内部人控制"下对租值的非法分割；第三个层面是作为担保机构委托人的相关政府官员以收取一定的腐败费用为额外条件，通过以政府领导定项目、担保公司出面担保的形式来为中小企业提供担保服务，这是"外部人控制"下对租值的非

法分割。这几个层面的租值分割总体上具有以下特点：作为法人主体的担保机构缺乏逐利动机，而相关的"内部人"和"外部人"却具有较强的逐利动机，在这种层层盘剥式的租值分割下，中小企业的融资成本必然上升，中小企业融资环境无法有效改善。由此可见，政府要想通过设立信用担保机构的形式来有效缓解中小企业融资难问题，相关的制度建设和保障必不可少，否则担保机构极易沦为某些"内部人"和"外部人"分割租值的工具，也极易成为某些中小企业为取得贷款以分割租值而努力公关的对象。

二、民营全资型信用担保机构对租值的分割及后果

按照原国家经贸委的"一体两翼"的中小企业信用担保体系的设计思路，即以政府政策性担保机构为主体，以商业性信用担保机构和中小企业信用互助担保协会为两翼，因此，这里分析的民营全资信用担保机构主要是指这两翼部分。一般来说，民营担保机构由于产权上的优势，委托—代理问题不成其主要制约因素，并且民营担保机构更易建立起科学的治理机制，因此，民营担保机构的"内部人控制"问题较弱，"外部人控制"问题也得到极大地避免。但是资本的逐利性会在民营担保机构中表现得更为充分，其对利润回报的要求较高，在相关的法律建设滞后、监管措施和手段落后的情况下，民营担保机构也会违法违规以实现对租值分割的追逐，其违法违规行为主要表现为两个方面。

一方面，担保机构为了扩大担保收益尽力提高担保费率。按当前的相关规定，担保收费需控制在同期贷款利率的50%以内，但这一上限经常通过各种形式被突破，从而为担保机构分割到更多的租值。根据信息经济学理论，担保机构提高担保费率的结果将导致逆向选择，也即如果担保机构提高担保费率，那么违约风险较低的客户就会选择离去，留下来的客户将是那些违约风险极高的不诚实客户，从而加大了担保机构的代偿风险。因此，这种方式的租值分割具有很强的约束条件，担保机构

只有通过不断提升风险评估和防范技术才能分割到更多的租值，从这个意义上讲，这种现象具有一定的积极性。

另一方面，有些民营担保机构本身并不将担保当做事业来做，而是将担保公司当做自己股东融资的工具，从而无法从严审贷。这些民营担保机构通过和股东的合谋以较低的利率取得贷款，从而攫取和分割到大量的租值，这种现象严重扰乱了金融秩序，与信用担保机构的设立初衷背道而驰。

三、租值分割中企业的行为

以上三类行为主体——银行、银行从业人员、信用支持体系——对租值的分割，都离不开企业的参与。实际上，中小企业为了在信贷配给下获取贷款，会愿意向以上各类行为主体支付费用，不过企业支出的各类费用总和折合为追加利率，一般是不会超过在完全信息下企业意愿支付的利率水平和在信贷配给下的利率水平的差额，否则企业宁可不申请贷款，因而中小企业也可以分割到部分租值。正是这一原因，激励了企业向各类行为主体支付腐败费用，才使得企业与银行、银行从业人员及信用支持体系等行为主体间"相得益彰"，助长了各类腐败及违规违法事件的发生，并在各自的行为中分割到了部分租值。由这种各主体间的密切相关性可见，分析了其他行为主体在租值分割中的动机和行为，也就基本廓清了中小企业在租值分割中的动机和行为。基于此，本书就不准备赘述中小企业在租值分割中的动机和行为。

第四节　租值分割的隐性合约特征及评述

　　合约是随着人类交易活动的出现而产生的，交易双方由于存在目标利益的冲突，因此需要就交易中所涉及的利益分配和行为规范等方面进行谈判并达成合约，合约的功能是通过对未来收益流进行权利划分，协助市场交易主体在交易中实现其预期的经济利益。现代合约经济学把所有的市场交易都看成是合约关系，并根据实施机制的不同把合约区分为显性合约和隐性合约（Implicit Contract）。如果合约的实施要受到第三方（如法院等机构）的强制约束，则合约是显性的，否则合约就是隐性的。显然，在我国中小企业信贷市场上，除了信贷合约、担保合约等显性合约以外，各种分割租值的方式大部分都以隐性合约的形式存在，因此从隐性合约的角度进一步探讨租值分割的合约特征，有助于我们加深对中小企业信贷市场运行特征及信贷配给严重性原因的认识。

一、租值分割的隐性合约特征

　　隐性合约理论产生于20世纪70年代，最初主要是由贝利（Baily，1974）、戈登（Gordon，1974）和阿扎里迪斯（Azariadis，1975）等学者提出，他们以完全信息和风险偏好不对称（工人厌恶风险、企业风险中性）为假设前提，解释了劳动力市场的工资粘性问题。20世纪80年代，格罗斯曼和哈特（Grossman & Hart，1981，1983）、阿扎里迪斯和斯蒂格里茨（Azariadis & Stiglitz，1983）、哈特（Hart，1983）和沙里（Chari，1983）等学者将信息不对称和企业风险厌恶的假设引入了隐性合约模型，发展了隐性合约理论。弗里德和彼特（Fried & Peter，1980）把隐性合约理论引入到信贷市场，认为银行和企业除了达成显性合约之外，还会就规避风险、降低交易费用等长远利益达成一些有利于双方长期合作的默契或隐性合约。这种合约安排类似于长期合作的保险合同，不仅可以使银行和客户共同分担未来不确定事件所引起的风险，平滑双方诸如利率波动等不确定因素所带来的风险，而且还具有减少银行选择客户的交易费用等功能。因此，隐性合约虽使利率缺乏弹性但对交易双方是有利的，由此解释了信贷配给现象为什么存在。显然，从隐性合约的理论渊源来看，隐性合约主要用于解释某一市场（如劳动力市场、信贷市场等）的价格粘性问题，这同样适用于分析中小企业信贷市场，我们在此借助这一理论对中小企业信贷配给为何严重做一简要的理论补充①。

　　我们在本书前面的章节讨论过：中小企业较为严重的信贷配给导致了大量租值被置入公共领域，因此银行、银行从业人员、企业、担保机构等相关主体会通过各种方式以分割租值，不管这些租值分割行为是否合法或合规，我们都可以把其视之为相关主体间就利益分配和行为规范等方面达成的合约。比如，某些银行从业人员会向企业要求一定量的"好处费"，企业不提供这种"好处费"将很难获得贷款，这实际上是企业与银行从业人员之间的一种合约，企业放弃这一合约也就意味着放弃信贷融资，不过由于行为本身的不合法或不合规，这类合约主要以隐性合约的形式存在。同样，类似的隐性合约还会在企业与银行、企业与担保机构等相关主体间存在，特别是在转型经济中，这种现象更为普遍。从我们对中小企业信贷市场租值分割的各类方式分析来看，银行向企业要求额外的贷款条件很明显部分是不合法或不合规的，而银行降低服务质量至少是不合规的，因此这类行为基本上都以银行和企业达成某种默契（隐性合约）的形式存在，而信贷过程、担保过程中的腐败行为则更是非法的，只能以隐性合约的形式存在。总之，隐性合约在我国

---

　　① 显然，不考虑信息结构而单纯运用隐性合约理论来解释信贷配给是缺乏解释力的，而作为考虑了信息结构并运用产权方法建立的"租值耗散—交易费用"框架，借助隐性合约理论做一理论补充则无疑是有益的。

中小企业信贷市场大量存在，大部分隐性合约的目的是为了在相关利益主体间分割租值，这必然对信贷市场乃至金融市场和实体经济造成危害。

其一，隐性合约的达成与否在一定程度上决定了企业能否取得贷款，这实际上构成了信贷市场上银行选择借款对象的另一种筛选机制，而这种筛选机制往往是低效和有害的。因为隐性合约的大量存在使得劣质企业和高风险企业更容易进入信贷市场，商业银行通过信贷配给方式降低逆向选择和道德风险的程度难以奏效，宝贵的信贷资源无法得到有效配置，加剧了银行和企业的效益低下、竞争乏力，危及金融和实体经济的健康。

其二，国家对中小企业支持政策所带来的"补贴"可能被各类隐性合约分割，从而无法实质性改善中小企业的生存环境，隐性合约危及实体经济。

其三，以分割租值为目的的隐性合约的存在必然造就信贷市场上存在一批既得利益者，缓解信贷配给对有些既得利益者显然是不利的，因此他们会极力维护当前的信贷配给，从而隐性合约加重了信贷配给。在这种情形下，中小企业信贷市场必然陷入这样一种恶性循环：较为严重的信贷配给→以分割租值为目的的隐性合约大量存在→既得利益者维护隐性合约和信贷配给→信贷配给无法有效缓解。

二、对减少不合理的隐性合约的思考

在寻求减少不合理的隐性合约对策上，有些人可能会基于对租值分割中各行为主体的分析，根据个人的价值判断认为，银行通过额外的贷款条件分割租值可能不合规或不合法，但却有其合理性，而银行从业人员的信贷腐败及信用支持机构的违法违规行为既不合法又不合理，应大力遏制，因此可以借助法律建设来减少不合理的租值分割。这种想法有一定道理，但并非治本之策。我们知道，银行由利率控制而置入公共领域的租值，一部分会纯粹的耗散，一部分会被相关主体分割，假如我们通过加大对违法违规行为的打击力度，使得银行从业人员及信用支持机构分割到的租值大为减少，那么这部分租值自然会流向企业，而企业（包括潜在进入信贷市场的企业）为了更多的攫取这些租值又会去腐蚀银行及担保机构的相关从业人员，使得信贷腐败等不规范现象难以遏制。因此，可能有点悲观的现实是，遏制如信贷腐败之类的为分割租值而衍生的隐性合约，单靠法律建设并不是治本之道。实际上，法律手段只是让租值在各行为主体之间进行了重新分配，而治本之道还是在于通过相关的制度和环境建设，降低银企之间的信息不对称程度，缓解中小企业信贷市场的信贷配给的程度，由此减少置入公共领域的租值。我们可以预计，当置入公共领域的租值足够小时，以分割租值为目的的隐性合约必将逐步走向消亡。

第七章

缓解中小企业贷款难的可选路径
——发展民营社区银行

　　社区银行是西方金融发达国家一种成功的银行经营模式，能够很好地满足中小企业、居民家庭的资金需求。走在大都市的街头，满眼望去全是大银行的影子，屈指可数的几家社区银行淹没在大型机构的巨大灯箱广告下，隐藏于摩天大厦的夹缝中，对于匆匆过客而言，它们似乎并不存在。但事实上，社区银行在美国等西方发达国家星罗棋布，以美国为例，6 500 多家社区银行在美国各地的小城镇、郊区和大城市的社区中安营扎寨，为美国经济增长和社会发展发挥着巨大作用。

在第五章，我们已经运用"租值耗散—交易费用"框架，从银行市场结构和信贷融资交易费用两个方面给出了我国中小企业贷款难的原因，遵循"租值耗散—交易费用"框架的一贯思路，我们对缓解中小企业贷款难的思考也离不开这两方面，即给出的任何政策建议必须要有助于改善银行市场结构或节约信贷融资中的交易费用，从而得到一个较大的信贷配给均衡利率 $i^* = \dfrac{Q_0 - k_1}{2(k_2 - q)}$ 以缓解信贷配给，同时也能大幅度地减少置入公共领域的租值，规范信贷市场。显然，改善银行结构（市场结构和所有制结构）、规范中小企业的发展、建立信用征信和评级体系、完善担保体系等措施都能在一定程度上缓解信贷配给，对此我们不准备面面俱到地加以分析。我们考虑到：一方面银行结构是影响信贷配给程度的一个重要变量，我国当前国有垄断特征明显的银行体系，不仅在 q 值上，而且在 $k(k_1, k_2)$ 上均加重了中小企业信贷市场的信贷配给；另一方面，我国金融改革正处于关键时期，政府正在通过各项改革以改善银行体系的市场结构和所有制结构，以构建一个更为完善和有效率的银行体系，如国有银行的股份制改造和上市，城乡信用社的市场化改革等。基于以上考虑，我们将着重于从改善我国银行结构的角度来研究缓解中小企业贷款难的措施，对此，我们主要从发展中小银行（特别是民营社区银行）方面加以分析讨论。

对于是否发展我国的民营银行，理论界曾有过广泛而深入的争论。在 2001 年、2002 年前后，对该问题的探讨几乎达到了高潮，以徐滇庆为代表的很多学者赞成发展民营银行，而以王自力为代表的不少学者提出了反对意见。在当前各类金融机构多元发展的现实背景下，发展中小银行已经成了客观现实，但是中小银行并不一定都是民营社区银行，民营社区银行具有缓解中小企业贷款难的特殊优势。对此，我们在此再次提出发展民营社区银行，并非是为了延续这种争论，而是在"租值耗散—交易费用"框架下寻求缓解我国中小企业贷款难对策时所应有的必然推论。

第一节　发展中小银行的理论依据

大力发展中小银行显然有助于打破当前我国国有银行一统天下的垄断局面，从而有利于提高 q 值，这对于缓解中小企业贷款难非常重要，其中的道理非常明显（从均衡利率 $i^* = \dfrac{Q_0 - k_1}{2(k_2 - q)}$ 中 q 的取值即可推知），不作细究。而对于降低交易费用 $k(k_1, k_2)$ 值方面，虽然未能找到完全针对这一问题的相关理论成果，但国内外已有很多文献从信息获取和传递，或从银企关系（关系型贷款）等角度，研究了银行规模因素对中小企业信贷融资的影响，并证明了中小银行在中小企业信贷市场的信息优势，基于本书所定义的交易费很大程度上是由信息因素所决定，因此，国内外的这些文献对于佐证中小银行在降低交易费用上的优势具有极强的理论价值。

研究银行规模因素对中小企业信贷融资的影响，西方国家和我国有着不同的背景。在西方，对此问题的关注是源于 20 世纪 80 年代以来的银行业并购浪潮使得中小银行的数目明显减少，银行业呈现集中化趋势，由此西方开始研究银行规模是否对中小企业信贷融资产生影响。而在我国，对这一问题的持续关注是与我国日益严峻的中小企业融资难问题分不开，发展中小银行是否有利于缓解中小企业贷款难一直是中小企业贷款难理论研究的一个重要方面。虽然国内外的研究背景不同，但是西方国家的理论成果是完全可以为我们研究中小企业贷款难所借鉴的。

通过对国内外文献的研读和归纳，以下两类已基本形成共识的理论是有助于论证中小银行在节约交易费用方面的优势，即"关系型贷款"理论和"小银行优势论"。这两类理论经常隐含着如下一种因果关系：关系型贷款有助于解决中小企业的信息问题（节约交易费用），而中小银行在关系型贷款方面具有优势，因此中小银行在为中小企业融资方面具有优势。由于这种隐含的因果关系，这两类理论在研究中是经常相互重叠的，即在同一篇文献中经常同时涉及对这两方面的讨论，为此我们在下面介绍中不对文献作严格区分。

一、关系型贷款理论

在西方，对关系型贷款理论的广泛关注和深入研究也是在银行业并购浪潮导致银行业市场结构迅速改变，原有的中小银行对中小企业贷款的某些方式被改变，中小企业信贷融资受到一定影响的背景下出现的。

彼得森和拉杰（Petersen & Rajan，1994）在用 1987 年美国小企业数据进行实证研究时发现，银行和企业建立密切关系有助于信贷可得性的增加，银行和企业的关系具有价值。伯格和乌代尔（Berger & Udell，1995）在分析银行业集中化对中小企业融资的影响时指出，银行对小企业贷款更倾向于信息敏感和关系驱动（Relationship-driven），而对大企业贷款则更倾向于交易驱动（Transaction-driven）。伯林和梅斯特尔（Berlin & Mester，1998）进而按贷款方式将银行贷款划分为市场交易型贷款（Transactional Lending）和关系型贷款（Relationship Lending），他们认为，市场交易型贷款多为一次性的交易行为，信贷需求不会反复发生，而关系型贷款以银行对借款人保持密切监督、银企重新谈判和双方长期隐性合约为基本特征，其主要表现形式为额度贷款和承诺贷款。

作为一种细化和更深入的研究，伯格和乌代尔（Berger & Udell，2002）把将银行贷款按技术区分为财务报表型贷款、资产保证型贷款、信用评分和关系型贷款。他们把前三类贷款技术归并为交易型贷款，这类贷款决策的作出是基于银行相对容易取得贷款企业的"硬"信息，而不是基于通过长期银企关系才能取得的"软"信息。进而他们对这几种贷款技术的适用性及优劣性进行了分析。

财务报表型贷款（Financial Statements Lending）强调对企业财务状况的评估，其贷款决策和贷款条件主要基于贷款申请者所提供的资产负债表和损益表。它主要适用于那些财务报表经过严格审计、信息透明度较高的大企业，某些有较长历史、业务比较透明、报表审计严格的小企业①也能适用这种技术。

资产保证型贷款（Asset-based Lending）又称抵押担保型贷款，这类贷款的决策主要取决于借款者能否提供保质保量的抵押品。这种贷款技术有很强的事后监督功能，被广泛应用于对中小企业的贷款，其缺点是要求银行具有较强的监督能力，并需要企业支付相对昂贵的交易费用。

信用评分（Credit Scoring）技术是一项运用现代数理统计模型和信息技术对客户的信用记录进行计量分析从而作出决策的技术。这种技术具有成本低、效率高等特点，可以在较大程度上缓解信息问题，20世纪80年代以来被美国金融机构运用于小额贷款的发放上。但由于该项技术较复杂，对信息系统和数据积累的要求较高，其应用范围受到限制。

关系型贷款（Relationship Lending）是指贷款人主要基于长期和多渠道与企业接触所积累的关于借款企业及其业主的相关信息而作出决策。这些信息部分是通过银行为企业所提供的存贷款和其他金融产品的服务获得，另外还可以通过与当地社区中其他成员的接触中获得，比如企业的供应商和客户，他们能够提供关于企业、业主、企业运行等方面的特殊信息。最重要的是，这些通过长期接触所取得的信息具有非常重要的价值，其实际价值超过银行的财务报表、抵押品和信用评分，能够帮助"关系型贷款人"比"交易型贷款人"更好地解决信息不透明

---

① 美国把企业按规模划分为大和小两种，此处的小企业估计相当于我国的中型企业。

问题。

通过伯格等学者对不同的贷款技术的比较研究，我们不难发现，由于中小企业切实存在信息不透明、缺乏抵押品以及财务制度不健全等缺陷，因此关系型贷款技术最适合于中小企业贷款。这与关系型贷款在信息收集上的独到之处以及所收集的信息具有私有性等分不开。其具体特征可总结为：第一，信息的收集基于长期的银企关系；第二，不仅仅收集财务报表等各类公开信息，还收集不易量化和传递的意会信息；第三，不仅通过给借款企业提供的多种金融服务来获取信息，还通过与借款企业所在社区相关主体的交往来收集信息。

总之，中小企业融资困难根源于信息问题而导致的高昂交易费用，事实上，关系型贷款正是银行和企业为克服这种交易费用障碍而共同构建的一种制度安排，这种安排可以明显地降低融资中的交易费用。这是因为，依靠长期关系积累的"软"信息可以在很大程度上弥补小企业难以提供高质量"硬"信息的缺陷，使银行更好地进行信贷决策和贷款监督。由于中小银行在运用关系型贷款上的优势，因此无论是发达国家还是发展中国家的中小银行，均相当盛行运用这一技术开展对中小企业的贷款。

二、小银行优势论

国外的大量实证研究发现，小银行比大银行更加倾向丁向中小企业提供贷款，无论在中小企业贷款占银行总资产的比率还是在中小企业贷款占全部企业贷款的比率上，小银行的指标均高于大银行（Berger & Udell，1995；Levonian & Soller，1995）。由此产生了小银行在对中小企业融资上的"小银行优势论"（Small Bank Advantage）。为了说明小银行优势的形成机理，学者们提出了种种解释。他们认为小银行的组织结构有利于其生产软信息，因此在关系型借贷上拥有优势，相反，大银行的组织结构擅长于生产硬信息和发放市场交易型贷款，而在关系型贷款上处于劣势①。由此可见，小银行优势论的核心是小银行在关系型贷款方面具有优势，因此在对中小企业贷款中小银行比大银行更具有优势。

中村（Nakamura，1993）的结算账户理论虽然还未涉及关系型贷款的概念，但他从中小银行对中小企业结算账户的优势方面给出的研究已经蕴含了中小银行在关系型贷款上的优势。他认为，大银行拥有的企业客户过多，对单个中小企业结算账户信息不能做充分的识别和利用，而在中小银行开户的中小企业有限，且一家中小企业多集中在一家银行开户，结算信息比较简单，信贷经理能够比较便利地将包括账户信息在内的各种信息进行综合把握和处理。因此，相对于大银行，中小银行对在该行开户的中小企业拥有信息优势。

伯格和乌代尔（Berger & Udell，1995）认为，当银行规模变大、组织结构更复杂时（比如综合性大银行），它们可能会减少对小企业的贷款，并且已有学者通过实证检验证明了这一点。他们主要从大企业和中小企业信贷业务的不同特征及管理的规模和范围不经济的角度，分析了银行购并对中小企业贷款的不利影响。他们认为，规模更大、组织结构更复杂的银行会减少对中小企业的贷款，以集中对大企业提供金融服务。其理由在于：

第一，银行对中小企业贷款和对大企业贷款的业务性质存在显著的差异，中小银行具有对中小企业贷款的业务优势。在向中小企业贷款中，解决信息问题非常重要，这导致了大企业贷款业务和中小企业贷款业务的差异性。银行对大企业的贷款则主要是交易型（Transaction-based Lending），在性质上也更具一般性和综合性；而银行对中小企业的贷款基本上属于信息密集型和关系驱动型（Relationship-based Lending），银行发放贷款时主要依赖和借款企业长期接触中收集的私有信息。因此，银行能否较好的收集这些私有信息将影响是否对中小企业贷款，并且这些信息达可被作为更新借款条件的依据，一般与银行有长期关系的中小企业可以支付更低的利率，提供更少的抵押。由于中小银行

① 张捷. 中小企业的关系型借贷与银行组织结构 [J]. 经济研究，2002（6）.

和中小企业一般同属一个社区，它们在与中小企业建立长期稳定的关系上具有优势，比如收集私有信息的优势，所以它们更适合为中小企业融资。

第二，由于多元业务可能导致管理的不经济，因此大银行可能通过减少对中小企业的贷款减少这种不经济。当银行通过并购变得更大和更复杂时，内部代理问题就会趋于严重，这必然需要更多的管理和监督成本。这时管理不经济和范围不经济就会出现，这种与银行规模和组织结构复杂性相联系的管理不经济可能会为大银行提供以下这种激励，即将业务集中于具有比较优势的大企业融资，不断减少对中小企业的融资，这无疑会加剧中小企业的融资困难。

伯格、德姆塞茨和斯特拉恩（Berger，Demsetz & Strahan，1999）运用层级控制理论认为，随着组织规模的增大，将发生层级间的控制损失，为避免控制损失，规模大、层级多的大银行倾向于建立一个能够在整个组织中被遵守的、明晰一致的信贷规则以发放交易型贷款，而组织结构相对简单的银行则能够发放可由信贷人员灵活处理的关系型贷款。但是，如果要求同一家银行同时提供交易型贷款和关系型贷款服务时，这将可能使银行面临放贷成本的增加和经营的范围不经济（Scope Inefficient），因而，即使中小企业关系型贷款的预计净现值为正，大银行也可能会减少或拒绝对中小企业的关系型贷款。

斯坦（Stein，2000）运用 GHM 理论（即控制权的安排影响激励）考察了不同组织形式的金融机构在有关投资项目的信息生产和资本有效配置方面的差异。他认为，大银行由于组织结构和层级复杂，存在"组织规模不经济"（Organizational Diseconomies），因此当有关项目的信息是软信息且不易可靠传递时，一个小型的且单一管理层级的机构是比较占优势的。此外，给定机构规模，管理层次较少的扁平机构更适合处理软信息，相反，当信息可以低成本"硬化"并在不同层级间传递时，拥有较多管理层次的大机构则更具优势。作为对这一理论的实质性应用，他进而分析了银行业并购对中小企业贷款的影响。研究发现，由于小银行在对中小企业贷款时具有收集和传递软信息等方面的优势，所以，当银行业集中导致中小银行大量减少时，银行对中小企业的贷款显著减少，这种减少恰恰反映了中小银行对中小企业贷款的优势。

与斯坦（Stein，2000）强调控制权激励效应不同，布雷克、林克和史密斯（Brickey，Linck & Smith，2003）则强调了所有权激励效应，但无论强调哪一方面，我们都发现小银行具有优势。布雷克等人认为，社区银行在对小企业的关系型贷款上的比较优势源自于所有权激励。为了使基层信贷经理更有效地收集和处理软信息，基层必须被授予较大的决策权利，但由此可能产生代理问题，为了控制代理问题，一种可行的办法是同时给予其较多的所有权份额。和大银行相比较，社区银行所有权结构一般具有集中性的特征，社区银行的基层经理一般可以得到更好的所有权激励，因此他们会付出较多努力来收集软信息，并会与股东目标基本一致的方式来使用这些信息。

伯格和乌代尔（Berger & Udell，2002）认为，关系型贷款的实施依赖于银行对企业软信息的长期收集和积累，而软信息的获取则依赖于银行基层经理，由于软信息的模糊性和人格化特征，难以在组织结构复杂的大银行内部传递，关系型贷款的决策权必须下放给掌握着这些软信息的基层经理，这不可避免地出现代理问题。他们进一步分析认为，代理问题的严重程度取决于银行规模及组织复杂程度，规模小、管理层次少的银行所面临的这一问题相对较轻，而委托代理链条长，科层结构复杂的大银行所面临的这一问题较为严重，因此小银行更具有关系型贷款优势。

伯格、米勒、彼得森、拉杰和斯坦（Berger，Miller，Pertersen，Rajan & Stein，2001）以不完全契约理论为基础，认为，在需要处理软信息的业务中，小型金融机构比大型金融机构能做得更好。通过考察中小企业贷款，他们认为，中小企业贷款是一种典型依赖软信息的业务，大银行与小银行相比是缺乏意愿向这类信息获取困难的企业发放贷款的，比如那类没有建立起规范财务报表的企业。另外，大银行与其借款企业距离更远，银企间更少个性化交流，与借款企业关系较短且不紧密，不能有效缓解企业的信贷约束。所有这些都是小银行所具有的，能比大银行更好的收集和处理软信息的优势相一致，他们的理论充分支持了小银行优势论。

另外，豪斯瓦尔德和马奎斯（Hauswald & Marquez，2002）指出，由于大银行在地理位置一般较为远离潜在的关系型中小企业借款人，从而使其在获取和传递软信息方面变得较为困难，而小银行与其潜在的关系客户的距离一般较近，因此有助于解决软信息的获取和传递问题。他们由此建立了一个理论模型，论证了关系型贷款将随信息距离（Informational Distance）的增加或生产关于借款人的特定信息的成本的提高而缩减，由此也支持了中小银行在开展关系型贷款上的优势。德永亨特和乌代尔（DeYong Hunter & Udell，2004）则认为，银行规模、信息类型以及产品标准化程度之间往往存在着内在的联系，小银行擅长运用软信息提供个性化产品以塑造自身特色，而大银行适合运用硬信息生产标准化产品以达到规模经济。这也说明小银行具有关系型贷款的优势。

西方学者既注重理论研究又注重实证分析，实际上，包括以上文献在内的很多关于"关系型贷款"和"小银行优势论"的研究是结合实证一起给出的。张捷（2002）对伯格等学者的实证研究所发现的一些重要事实作了总结：其一，大银行的贷款对象主要是较大的或拥有较好财务记录的企业，小银行则更多地贷款给财务记录不完备的企业；其二，银行规模与申请贷款企业的规模以及贷款额之间存在着强的正相关关系；其三，企业离所交易银行营业部之间的空间距离和银行的规模呈正相关；其四，大银行与企业之间的交易较少采用面对面的人际接触形式，更多地使用信函和电话等通讯手段；其五，银企融资关系的持续时间与银行规模呈负相关，即小银行与客户之间拥有更加长期专一的交易关系，大银行的客户则具有更大的流动性；其六，在缺少小银行的地区，被迫选择向大银行贷款的中小企业面临着更大的信贷约束[1]。

国内的相关研究主要是继承国外的相关理论并结合我国的实际情况而作出，林毅夫、李永军（2001）、李志赟（2002）、张捷（2002）证

---

[1] 张捷. 中小企业的关系型借贷与银行组织结构 [J]. 经济研究，2002（6）.

明了中小银行具有向中小企业贷款的优势。（具体介绍请参见本书的文献综述部分）

三、关系型贷款及小银行优势论面临的挑战

关系型贷款理论和小银行优势论随着信息技术的发展以及金融体系竞争的加剧也面临着一定的挑战，不少学者由此提出了一些不同的意见，下面给出几种典型的观点。

昂吉拉和史密斯（Ongerna, S. & Smith. D. C., 2000）对银企间关系在现代经济中的价值持怀疑态度。他们认为，现今许多的金融交易是通过自动化的、匿名的市场方式来实现，而后者几乎不需要关系的创建。

彼得森和拉杰（Petersen & Rajan, 2000）认为，随着信息处理和传输技术的进步，银行越来越依赖非个人化的渠道获取企业的信息，距离在获取企业信息方面的作用越来越不重要。他们认为，信息技术的进步使得获取中小企业的信用状况和信用记录更容易、更及时，引致了如信用评级机构之类的专业化的信息中介的扩张，这些机构依托信息技术采集、存储和加工众多企业的信息并高效地传递给贷款机构，显然这种传递并不依赖于地理上的亲近性。由此，远距离的贷款人虽可能不拥有较多的关于借款人的软信息，但技术的进步使其可以及时拥有更多的关于借款人贷款可行性的硬信息，从而为远距离提供贷款创造了条件，这样必然弱化了距离对信贷行为的影响。

巴塞特和布兰迪（Basset & Brady, 2001）从金融体系竞争的角度指出，自 20 世纪 80 年代中叶以来，来自于"并行银行体系"（Parallel Banking System）不断加剧的竞争，可能削弱小银行的竞争地位。在资产负债表的负债方，银行要与股票、债券和货币市场共同基金一同竞争存款。尽管共同基金与各种规模的银行构成竞争关系，但由于小银行较大银行在负债上更为依赖存款，从而其可能对社区银行带来更大的竞争

挑战。同时，对投资者来讲，共同基金可能比银行存款更有吸引力。另外，货币市场基金大约 1/3 的资产持有的是金融公司（Finance Company）所发行的商业票据，而金融公司反过来又在消费信贷和企业设备融资领域与银行进行竞争，同样，这些领域对小银行来说较大银行更为重要。

在实证方面，贾亚拉特纳和沃尔肯（Jayaratne & Wolken，1999）通过 1993 年美国小企业贷款数据进行了实证检验。他们发现，某一地区较少的小银行数量与该地区小企业贷款约束状况在短期内可能存在某种联系，但在长期并不存在相关性。他们由此对"小银行优势论"提出了异议，但他们没有给出有说服力的相关理论解释。

总之，很多学者依据西方国家当前金融经济水平及技术发展的实际状况对关系型贷款及小银行优势论提出了一些异议。但很明显，一方面，若中小企业本身的基本特征没有发生根本改变，或者软信息难以被硬化的条件仍能成立，则中小银行必然能凭借在处理软信息的关系型贷款上的优势找到其生存的空间；另一方面，很明显这些异议即使能成立也必须以一国已达到较高的金融发展及信息应用水平为前提，联系到我国金融体系及信息技术应用的实际状况，显然我们远未达到这一层次，因此小银行优势这一命题在我国现阶段应该是成立的。

以上对国内外大量文献的分析表明，中小银行在银行体系中发挥着与大银行不完全相同的功能，与大银行相比，中小银行具有向中小企业进行关系型贷款的优势，这一优势在"租值耗散—交易费用"框架下可理解为，中小银行通过关系型贷款有利于节约银行向中小企业融资中的交易费用，因此发展中小银行必然是符合我们所建立的框架要求的，是有利于缓解中小企业贷款难的可行措施。同时，我们在分析银行体系与中小企业贷款难成因的联系方面，曾分析并论证了我国当前垄断型的银行市场结构和国有主导的银行所有制特征是导致中小企业贷款难的两个重要方面，这表明缺乏与中小企业发展要求相适应的金融机构是导致我国中小企业贷款难的重要原因。显然，在不改变现有银行结构的前提下，仅仅采取一些外生性的政策措施（如严厉要求国有商业银行减少不良贷款的同时又指导性的要求增加对中小企业的贷款），不可能从根本上化解当前银行结构与中小企业发展需要不相适用的深层次矛盾。由此，大力发展民营中小银行（特别是民营社区银行①）也就成了"租值耗散—交易费用"框架下的自然而然的理论演绎结果。

第二节　发展我国的民营社区银行

民营社区银行必然属于社区银行的范畴，只是我们不仅强调社区性，还强调产权性质上的民营属性，只有这样才能更有利于缓解中小企业贷款难的问题。社区（Community）概念的首倡者德国社会学家费迪南德·滕尼斯认为，社区是指以地域、意识、行为和利益为特征的生活共同体。美国独立社区银行家协会（Independent Community Bankers of America，ICBA）对社区银行（Community Bank）的定义是由地方自主设立和运营、资产规模在十亿美元以下、独立的小商业银行及其他储蓄机构。我国银监会给出的定义是指在一定地区的社区范围内按照市场化原则自主设立、独立按照市场化原则运营、主要服务于中小企业和个人客户的中小银行②。我们所倡导的民营社区银行和银监会给出定义基本一致，但也有区别，关键是看新组建的社区银行在产权结构上能否有本质的突破，是否由民间部门自上而下的组建，而不是政府主导的"拉郎配"。因此，我们强调的民营社区银行就是由民间资本出资，从民间自下而上组建的，资产规模较小的，主要为经营区域内中小企业和居民家庭服务的地方性独立小型商业银行。

---

① 社区银行加上"民营"两字虽然显得有点画蛇添足，但在中国转型经济的背景下，加上"民营"字眼是为了更好地强调其产权属性。

② 参见银监会网站，http://www.cbrc.gov.cn/mod_cn00/jsp/cn004002.jsp? infoID = 2357&type = 1。

一、我国民营社区银行的模式选择

国内外的研究和本书的分析均表明，在当前我国银行业规模结构和市场结构还不甚合理，而中小企业贷款难问题又长期存在的背景下，大力推进社区银行的发展不失为一种缓解中小企业贷款难问题的可选路径。在发展模式上，基于我国的国情，民营社区银行应该至少具有以下特征：

其一，充分引入民间资本，民营社区银行的产权结构最好没有国有成分，如果不能避免，则只能适当吸纳部分国有企业以企业法人身份投入的国有资本，但不应包括政府财政和国有资产管理部门直接投入的资本，并且民间资本必须占控股地位。这是因为产权结构在很大程度上决定治理结构，实践已经证明，政府介入过深的国有企业想摆脱政府干预、实现自主经营几乎是不可能的，是很难建立起现代企业治理机制的。

其二，民营社区银行要内生于民营经济，扎根于社区，并非是通过政府行为自上而下进行组建的全国性民营商业银行。这是因为如果民营银行是政府规划设计出来的话，很难想象其运行能完全脱离政府的干预，同时缺乏社区属性的大型民营银行也很难为中小企业服务。

其三，民营社区银行应该具有相对分散的股权结构，在避免政府控制和干预的同时也要尽量避免家族式运行（印尼"权贵"银行的教训值得吸取），必须建立起科学的企业治理机制。

我们之所以强调以上几点，是与国企改革乃至银行体系自身改革中的一些经验和教训分不开的。国有企业的改革历程已经为金融体系的完善和改革提供了很多可供借鉴的经验和教训，其中最主要的有两条：一是必须抓住产权改革这个根本环节，那种认为可以绕开产权改革，仅仅通过加强内部管理、提高技术水平等来解决国有经济低效率问题是根本行不通的；二是必须规范发展体制外的竞争力量，我国经济改革最大的成功就在于体制外的非国有经济成分得到了迅速发展①。

对于我国银行体系的改革与完善，我国近年来的确也组建了一些股份制商业银行和城市商业银行，某些商业银行也已经有了民营银行的一些特征，但是目前很多银行基本上已被"工农中建"化了，究其原因，最重要的还在于产权结构没有根本突破，政府的影子还是挥之不去（如高层管理人员由政府任命），"委托—代理"、有效激励、政府干预等问题还是没能很好地解决。对于更接近于民营社区银行范畴的城市商业银行，表面上由于其扎根于城市社区，理应能更好地服务于中小企业，但同样由于产权结构问题以及由此衍生的政府干预、激励问题以及历史遗留的沉重包袱等原因，也难以很好发挥服务于中小企业的功能。

所以我们认为，真正意义的民营社区银行最好是完全私有的、自下而上组建的银行，政府的作用只限于制定准入、退出等规则及实施监管等，而不是对其运行加以过多的干预，这样才有利于民营社区银行明晰产权主体和建立科学的治理结构，才能真正发挥缓解中小企业贷款难的作用。实际上民营的概念本身就很具有模糊性，如果在政治上或国民情感上能够接受，我们认为按照上述要求建立的民营社区银行称之为私营社区银行也未尝不可。

二、民营社区银行功能与地位

中小企业贷款难在很大程度上与我国当前银行体系的所有制结构和规模结构过于单一分不开的。民营社区银行的发展有利于打破银行业的国有垄断，提高银行业的竞争水平和效率，从而营造一个多层次的、更为完善的银行体系，这不仅有利于为中小企业开辟更多的融资渠道，缓解中小企业贷款难，同时基于民间融资等地下融资渠道的普遍存在，民营社区银行的发展也必然有利于合理地引导民间资本进入银行业，减轻

---

① 孙世重. 发展民营银行需要进一步澄清的几个关键问题［J］. 金融研究，2003（2）.

非法融资的危害。随着金融改革的不断推进，我国商业银行体系的规模结构已经有了较大的改善，即从经营规模上看，有大银行、中银行和小银行；银行体系的所有制结构也逐步多元化。但总体来看，在规模结构和所有制结构上，进一步推进的空间还较大，鼓励和引导更多的民营资本进入银行业的力度应该进一步加大。

目前国有商业银行和股份制商业银行已纷纷进行了股份制改造，其中绝大部分已上市。并且，在对城市商业银行、城乡信用社的改造中，政府也明确欢迎民间资本的介入，由民间资本发起成立商业银行的政策也已逐步放开。相信随着金融改革的不断推进，民间资本在银行体系中的地位将越来越重要。可以预见，大量由民间成长起来的民营社区银行的发展肯定是有利于弥补国有控股大银行主导的间接融资体系的不足，从而建立起一个更加完善的银行体系的。令人鼓舞的是，2006 年年初，我国银监会已把农信社的改革方向定位于打造成社区银行，邮政储蓄同样也要改造成社区银行。但是很明显，这种着重于存量改造式的、政府主导下的民间资本引入①，虽然能在一定程度上改善我国的银行体系，但最终能否打破原有银行体系的所有制特征和规模特征，能否构建起一个层次分明、结构合理的银行体系，从而发挥缓解中小企业贷款难的实质性作用，显然还是有很多值得怀疑的地方。

对于民营社区银行与国有控股银行在业务领域的关系方面，民营社区银行显然并不是纯粹以国有控股商业银行的对立面或竞争者的面目出现。内生于民营经济的民营社区银行，一般具有产权清晰、运行灵活、扎根于社区且规模相对较小等特征，这为民营社区银行发挥关系型贷款的优势奠定了扎实的基础。那些国有控股大银行对中小企业贷款中无法

---

① 尹龙（2002）甚至认为：这种通过对现有银行机构参股的方式发展民营银行，实际上延续了"搭配销售"的策略，这种策略对于劣质产品生产者（坏银行）是一种占优策略，但对于优质产品生产者和消费者是不公平的。实践证明，商品的"搭配销售"只不过是强制消费者以更高的价格满足其效用，而产权的"搭配销售"则可能使总体的效用锐减为零。在企业改制过程中，不乏由于"拉郎配"而使好企业破产的案例。

克服的信息及交易费用等问题，民营社区银行恰恰能更好地加以应对。因此，针对我国当前存在的大量中小企业难以从国有控股大银行获得满足自身需求的资金和服务的问题，民营社区银行的出现恰好可以填补，这也为民营社区银行的生存和发展提供了基础。可见，民营社区银行与国有控股大银行更多的是一种业务互补的关系。当然，随着一小部分民营社区银行的壮大，肯定不排除在某些领域与国有控股银行加以竞争，甚至可能取代国有控股银行在我国银行体系中地位，不过到那时，我国的银行体系可能已经属于由民营银行主导的，主要由民营大中型银行和社区银行构成的银行体系了。

三、民营社区银行的成功经验
——以浙江泰隆商业银行为例[①]

目前，我国真正意义上的民营（私营）社区银行正处于理论探索、实践尝试的阶段，但也不乏成功的范例。在民营经济发达的浙江省台州市，一家由民间资本组建的地方性小型商业银行——浙江泰隆商业银行——已经属于民营社区银行的范畴并取得了不俗的业绩。

（一）浙江泰隆商业银行概况

浙江泰隆商业银行成立于 1993 年，是一家专注于小企业金融服务的商业银行，2006 年 8 月改建为股份制商业银行，是一家全部由民营资本出资成立的真正意义上的民营社区银行。截至 2011 年末，浙江泰隆商业银行资产总额达 476.64 亿元，所有者权益 31.54 亿元，资本充足率 11.95%，核心资本充足率 9.18%，拨备覆盖率达 351.09%，贷款

---

① 本部分内容主要摘抄整理自：陈兵洲，王发惠. 赴浙江泰隆商业银行考察报告［J］.今日财富，2010（11）.

损失准备充足率 136.98%。本外币存款余额 391.08 亿元，本外币贷款余额 278.95 亿元，不良贷款率 0.52%。2011 年实现税前利润 10.29 亿元，资产利润率 1.83%，资本利润率 27.91%。

10 多年来，泰隆商业银行坚持以小企业、个体工商户为主要服务对象的市场定位战略始终不动摇，探索和积累了一系列小企业金融服务的先进做法和管理经验，小企业金融服务居国内领先水平，形成了独树一帜的"泰隆模式"。截至 2010 年，泰隆商业银行累计向小企业发放贷款达 19 万多笔、1 000 多亿元，共扶持 6 万多家小企业成长发展，创造了 10 多万个就业岗位，帮助 6 000 多位失地农民、外来务工人员和下岗工人等弱势群体实现了劳动致富。"泰隆模式"得到了社会各界高度肯定：2009 年 2 月 10 日，泰隆董事长王钧参加 2009 国务院《工作报告》征求意见座谈会，温家宝总理赞扬泰隆"银行办得好，中国的尤努斯"；2009 年 5 月 20 日，"泰隆模式"通过中央电视台二套《高端访谈——对话刘明康》节目向全国推广；2009 年 8 月 22 日，温家宝总理到浙江进行工作视察，再次接见了泰隆董事长王钧并听取了工作汇报，充分肯定了泰隆商业银行低成本开展小企业信贷的创新做法和成功经验，鼓励泰隆坚持发展战略，在小企业金融服务上不断创新，进一步做大做强。

（二）"泰隆模式"成功奥秘

"泰隆模式"的成功得益于其清晰的产权、扎根于社区的信息优势和灵活的经营机制，当然也得益于台州地区数量众多的、蓬勃发展的民营企业所提供的市场机会，以及地方政府及金融行政部门的开明态度。"泰隆"一直以民营中小企业及个体工商户为主要服务对象，努力发挥在地缘、人缘、信息等方面的优势，并与广大民营中小企业、个体工商户建立了密切的关系。多年来，泰隆银行在实践中探索小企业信贷服务和风险控制技术，总结出一套以"三品、三表、三三制"为特色的小企业金融服务模式，实现了小企业融资"事前低成本获取信息、事中低成本监控管理、事后低成本违约惩罚"的三个低成本，为小企业融资难这一国际性的"麦克米伦缺口"提供了中国式解答。独特而符合国情的商业模式使泰隆银行在小企业金融服务市场上赢得了一片蓝海，实现了企业可持续发展与社会责任的相互交融、和谐共进。

1. 定位小企业金融服务蓝海市场

将自身定位于只做小企业金融，摒弃杂念，抵住诱惑，一心一意走好小企业金融服务之路，是泰隆商业银行的成功之本。

泰隆商业银行成立后，经过大量的市场调查分析和对自身市场竞争实力的充分评估，将业务市场定位于小企业，决心在小企业中做出大市场。这个市场主要包括许多位于小街小巷、自主创业的小企业和个体工商户，他们有强烈的信贷需求却借贷无门。泰隆商业银行充分论证了小企业主诚信还贷的可行性之后，认为这一金融服务空档的背后酝酿着巨大的商机，决定致力于为小企业、个体工商户和从事生产经营的个人提供融资服务。在强烈的企业责任感和使命感的驱使下，泰隆商业银行始终没有怀疑和动摇过自己最初的市场定位，始终专注于小企业客户金融服务，致力于完善风险控制手段。

2. 看"三品"、查"三表"的创新风险识别手段

看"三品"，查"三表"，是泰隆商业银行独创的获取客户信息的两大"利器"。

所谓"三品"，就是人品、产品、押品。在"三品"中，泰隆将人品放在第一位。看"人品"，主要是考察客户的还款意愿。首先是看借款人自身的情况，是不是诚实守信，有没有不良嗜好等；其次看他的家庭情况，借款人的家庭关系稳定，家庭和睦，借款人责任心就比较强，贷款违约的可能性比较小，反之，贷款的风险就较大；最后关注借款人的社交情况，看他交往的朋友及其口碑，以此来判断借款人的道德风险。看"产品"，主要是考察企业产销存的情况，以此来判断企业产品的市场竞争力。看"押品"，除对客户的房子、土地、汽车、设备等有形资产进行估值外，客户的社会信誉、人脉关系、保证能力等也是泰隆

商业银行评估信贷产品安全性的重要因素。

所谓查"三表"，就是泰隆商业银行除了看客户的财务报表外，更重要的是看另外三个表：水表、电表、海关报表。为什么要看水表呢？因为大部分生产型企业要用一定量的工业用水，用水少了，往往反映客户生产减少了；看电表，是因为生产型企业都要用电，电表可以判断出生产经营情况和变动情况。看水表、电表，不仅看用量、增量，还要看欠不欠费、看缴纳记录。对于外贸型企业，必看海关报表。因为海关的企业进出口数据能比较准确地反映客户经营情况。这三个表可以提供企业比较真实的信息，有效验证和补充企业财务报表，真正锁定和明确客户的数字化信息。

3. "三三制"服务承诺下信贷审批流程的成功再造

在竞争激烈的金融市场，效率决定成败。为提高信贷业务办理效率，泰隆商业银行响亮地提出："要让贷款像存款一样方便"。围绕这个目标，他们不断优化业务流程，创建高效的贷款审批机制，实行业务受理"三三制"：承诺老客户贷款三小时以内解决，新客户贷款三天内定夺。为此，泰隆商业银行采取"区别授权，逐层分权"的授权模式，在风险可控的前提下充分下放贷款审批权。分行行长、支行行长以及业务部门负责人均具有审批权限。泰隆将全行信贷审批权限分为十多个档次，分支机构的审批额度在 50 万元至 2 000 万元不等。通过业务流程的改进，该行实现了 72% 的业务审批在一线完成，90% 以上的贷款在半天内办妥，贷款真的变得像存款一样方便了。高效的信贷审批发放流程，极大地满足了小企业客户"短、频、快"的融资需求。

4. 坚持"小额度、短期限"的信贷原则

"额度小、期限短"，是泰隆商业银行长期以来坚持的信贷原则。泰隆的小企业贷款户均不到 60 万元，贷款期限大部分集中在 6 个月、3 个月以下。贷款额度小、期限短，大大降低了泰隆商业银行的贷款风险不确定性成本。同时，泰隆商业银行通过贷款"笔笔清"的做法进一步保障"小额度、短期限"原则的落实。

5. 推行以保证担保为主的贷款方式

根据小企业有效抵押物不足的实际情况，泰隆商业银行积极探索和创新担保方式，不依赖抵押担保，大胆地以保证方式为主发放小企业贷款。自成立以来，保证担保贷款一直占该行贷款总额的 90% 以上。"一人不够，可多人共保"，泰隆保证担保形式灵活多样，风险有效分散。通过将偿还责任和小企业的法定代表人、实际控制人、大股东等"挂钩"，把企业的"有限责任"转变为个人的"无限责任"，降低了道德风险。同时，泰隆将传统的亲情和诚信融合在一起，创新出"小企业主贷款，亲人友人恩人担保"的"道义担保"贷款、"子女贷款，父母担保"的商业助学贷款、帮助真心创业者解决融资难的"百姓创业贷款"等，有效解决了小企业贷款缺乏抵押品、质押品的问题。

（三）"泰隆模式"成功启示

浙江泰隆商业银行作为一家民营社区银行，它的成功是对"关系型贷款理论"和"小银行优势论"的最好注解，即小银行天然具有发挥关系型贷款技术的比较优势，从而在对中小企业贷款中发挥小银行的优势。更为重要的是，泰隆银行作为土生土长的民营社区银行，其股东清一色为私营企业主，这样的股权结构使得泰隆银行所受的外部干预相对较少，更熟悉本地的情况，并且具有更强的逐利动机，从而催生出更强的创新动机。比如，在实践中总结出的一套以"三品、三表、三三制"为特色的小企业金融服务模式，很好地降低了银企双方的信息不对称，有效地降低了交易费用，在控制风险的前提下大大提高了中小企业的信贷可得性。当前，泰隆银行无疑是真正意义上的民营社区银行，是有活力中小银行的典范，"泰隆模式"对于我国大力推进民营社区银行的发展具有重要的借鉴意义。

第三节 简要评述

从我国金融发展的实际情况来看，随着金融改革的不断推进，我国商业银行体系的所有制结构和规模结构都已经得到了较大改善，但还有很多的推进空间，相对缺乏有活力的中小银行，特别是真正意义上的民营社区银行，反映在我们的新框架中，就是衡量市场结构的 q 值较小，衡量交易费用的 $k(k_1, k_2)$ 较大，从而使得均衡利率 $i^* = \dfrac{Q_0 - k_1}{2(k_2 - q)}$ 较小，即中小企业信贷配给严重。

对于这种情况，无论是西方"关系型信贷"理论、"小银行优势论"，还是我们的"租值耗散—交易费用"框架，都表明发展民营社区银行是缓解小企业贷款难的可选路径。同时，从实践层面来看，美国社区银行在对中小企业贷款中发挥着重要作用，而我国浙江泰隆商业银行的成功范例也表明民营社区银行能有效为区域内中小企业提供融资支持。国内外的成功经验基本证实，真正意义上的民营社区银行在缓解中小企业贷款难中是可以有所作为的。当前，在我国银行业所有制结构和市场结构还不甚合理、民间资本相对充裕的背景下，发展民营社区银行不仅有利于完善我国的银行体系，有利于把更多的民间资本引入银行体系，更为重要的是，通过发挥民营社区银行在中小企业贷款上的优势，打通阻碍资金供求者之间的瓶颈，更好地满足中小企业的融资需求。相信随着我国政府对发展民营社区银行的重视，我国中小企业贷款难在未来必然能得到较好的缓解。

参考文献

［1］Alchian, Armen A. Corporate Management and Property Rights ［A］. In H. MANNE, ed. Economic policy and the regulation of corporate securities ［C］. Washington, D. C.: American Enterprise Institute for Public Policy Research, 1969, pp. 337-60.

［2］Alchian, Armen A. & Demsetz, Harold. Production, Information Costs, and Economic Organization ［J］. The American Economic Review, 1972, 62 (5): 777-795.

［3］Alchian, Armen A. & Demsetz, Harold. The Property Right Paradigm ［J］. The Journal of Economic History, 1973, 33 (1): 16-27.

［4］Aleem, I. Imperfect Information, Screening, and the Costs of Informal Lending: A Study of a Rural Credit Market in Pakistan ［A］. In K. Hoff, A. Braverman and J. Stiglitz (eds.). The Economics of Rural Organization: Theory ［C］. Practice and Policy. London: Oxford University Press (for the World Bank), 1993.

［5］Arrow, K. J. The organization of Economic Activity: Issues Pertinent to the Choice of Market versus Nonmarket Allocation ［A］. The Analysis and Evaluation of Public Expenditure: The PPB System. vol. 1 (eds.). Joint Economic Committee ［C］. Washington DC: Government Printing office, 1969: 59-73.

［6］Azariadis C. Implicit Contracts and Underemployment Equilibria

[J]. Journal of Political Economy, 1975, 83 (6): 1183-1202.

[7] Azariadis, Costas & Stiglitz, Joseph E. Implicit Contracts and Fixed Price Equilibria [J]. The Quarterly Journal of Economics, 1983, 98 (s): 1-22.

[8] Baily, Martin Neil. Wages and Employment under Uncertain Demand [J]. The Review of Economic Studies, 1974, 41 (1): 37-50.

[9] Barro, Robert J. The Loan Market, Collateral, and Rates of Interest [J]. Journal of Money, Credit and Banking, 1976, 8 (4): 439-456.

[10] Barzel, Yoram. The Market for a Semipublic Good: The Case of the American Economic Review [J]. The American Economic Review, 1971, 61 (4): 665-674.

[11] Barzel, Yoram. A Theory of Rationing by Waiting [J]. Journal of Law and Economics, 1974, 17 (1): 73-96.

[12] Barzel, Yoram & Sass, T. R. The Allocation of Resources by Voting [J]. The Quarterly Journal of Economics, 1990, 105 (3): 745-771.

[13] Berger, A. N. & Udell, G. F. Universal banking and the future of small business lending [R]. Philaddphia: The Wharton Financial Institutions Center, 1995.

[14] Berger, A. N., Demsetz, R. S., Strahan, P. E. The consolidation of the financial services industry: cause, consequences, and implication for the future [J]. Journal of Banking and Finance, 1999, 23: 135-194.

[15] Berger, A. N., Miller, N. H., Petersen, M. A., Rajan, R. G., Stein, J. C. Does Function Follow Organizational Form? Evidence from the Lending Practices of Large and Small Banks [R]. Washington, D. C: Board of Governors of Federal Reserve System, 2001.

[16] Berger, A. N., Rosen, R. J., Udell, G. F. The effect of banking market size structure on bank competition: The case of small business lending [R]. Washington, D. C: Federal Reserve Board, 2001.

［17］Berger, A. N., Saunders, A., Scalise, J. M., Udell, G. F. The effects of bank mergers and acquisitions on small business lending ［J］. Journal of Financial Economics, 1998, 50 (2): 187-29.

［18］Berger, A. N. & Udell, G. F. Collateral, Loan Quality, and Bank Risk ［J］. American Economic Review, 1990, 66: 911-917.

［19］Berger, A. N. & Udell, G. F. Relationship lending and lines of credit in small firm finance ［J］. Journal of Business, 1995, 68: 351-381.

［20］Berger, A. N. & Udell, G. F. The Economics of Small Business Finance: The Roles of Private Equity and Debt Markets in the Financial Growth Cycle ［J］. Journal of Banking and Finance, 1998, 22: 613-674.

［21］Berger, A. N. & Udell, G. F. Small Business Credit Availability and Relationship Lending: The Importance of Bank Organizational Structure ［J］. The Economic Journal, 2002, 112: 32-53.

［22］Berlin, M. & Mester, L. J. On the profitability and cost of relationship lending ［J］. Journal of Banking and Finance, 1998, 22: 873 -897.

［23］Besanko, David & Thakor, Anjan V. Collateral and Rationing: Sorting Equilibria in Monopolistic and Competitive Credit Markets ［J］. International Economic Review, 1987, 28 (3): 671-689.

［24］Besanko, David & Thakor, Anjan V. Competitive Equilibrium in the Credit Market under Asymmetric Information ［J］. Journal of Economic Theory, 1987, 42: 167-182.

［25］Bester, Helmut. Screening vs. Rationing in Credit Markets with Imperfect Information ［J］. American Economic Review, 1985, 75 (4): 850-855.

［26］Bester, Helmut. The Role of Collateral in Credit Markets with Imperfect Information ［J］. European Economic Review, 1987, 31 (4): 887 -899.

［27］Bottomley, A. The Effect of the Common Ownership of Land

Upon Resources Allocation in Tripolitania [J]. Land Economics, 1963: 91
-95.

[28] Brickley, J. A., Linck, J. S. and Smith, C. W. Boundaries of the
Firm: Evidence from the Banking Industry [R]. Rochester: The Bradley
Policy Research Center, 2003.

[29] Bullock, David S. & Rutström, E. Elisabet. Policy Making and
Rent – Dissipation: An Experimental Test [J]. Experimental Economics,
2007 (10): 21-36.

[30] Chan, Yuk–Shee & Kanatas, George. Asymmetric Valuations and
the role of Collateral in Loan Agreements [J]. Journal of Money, Credit and
Banking, 1985, 17 (1): 84-95.

[31] Chari. V. V. Involuntary Unemployment and Implicit Contracts
[J]. The Quarterly Journal of Economics, 198398 (s): 107-122.

[32] Chase, Sam B. Credit Risk and Credit Rationing: Comment [J].
The Quarterly Journal of Economics, 1961: 319-327.

[33] Coase, R. H.. The Nature of the Firm [J]. Economica, New Se-
ries, 1937, 4 (16): 386-405.

[34] Coase, R. H. The Federal Communications Commission [J].
Journal of Law and Economics, 1959, 2: 1-40.

[35] Coase, R. H. The Problem of Social Cost [J]. Journal of Law
and Economics, 1960, 3: 1-44.

[36] Dahlman, C. J. The Problem of Externality [J]. Journal of Legal
Studies, 1979 (22): 141-162.

[37] De Young, R., Hunter, W. C., Udell, G. F. The Past Present
and Probable Future for Community Bands [J]. Journal of Financial Services
Research, 2004.

[38] Demsetz, Harold. Toward a Theory of Property Rights [J]. The
American Economic Review, 1967, 57 (2): 347-359.

[39] Demsetz, Harold (1968). The Cost of Transacting [J]. The

Quarterly Journal of Economics, 1968, 82 (1): 33-53.

[40] Flowers, Marilyn R. Rent Seeking and Rent Dissipation: a Critical View [J]. Cato Journal, 1987, 7 (2).

[41] Freimer, Marshall & Gordon, Myron J. Why Bankers Ration Credit [J]. The Quarterly Journal of Economics, 1965, 79(3): 397-416.

[42] Fried Joel & Peter Howitt. Credit Rationing and Implicit Contract Theory [J]. Journal of Money, Credit and Banking, 1980, 12: 472-487.

[43] Fudenberg, Drew & Tirole, Jean. Understanding Rent Dissipation: On the Use of Game Theory in Industrial Organization [J]. The American Economic Rebiew, 1987, 77 (2): 176-183.

[44] Ghosh, P., Mookherjee, D. and Ray, D. Credit Rationing in Developing Countries: An Overview of the Theory [M]. London: Blackwell, 2000.

[45] Gordon, D. F. A Neo-Classical Theory of Keynesian Unemployment [J]. Economic Inquiry, 1974, 12: 431-459.

[46] Gordon, H. Scott. The Economics of a Common Property Resource: The Fishery [J]. The Journal of Political Economy, 1954, 62 (2):124-142.

[47] Grossman, Sanford J. & Hart, Oliver D. Implicit Contracts, Moral Hazard, and Unemployment [J]. The American Economic Review, 1981, 71 (2): 301-307.

[48] Grossman, Sanford J. & Hart, Oliver D. Implicit Contracts Under Asymmetric Information [J]. The Quarterly Journal of Economics, 1983, 98 (s): 123-156.

[49] Hardin, Garrett. The Tragedy of the Commons [J]. Science, 1968, 162 (3859): 1243-1248.

[50] Hart, Oliver D. Optimal Labour Contracts under Asymmetric Information: An Introduction [J]. The Review of Economic Studies, 1983, 50 (1): 3-35.

[51] Hauswald, R. & Marquez, R. Relationship Banking Loan Specialization and Competition [R]. Bloomington: Indiana University , 2000.

[52] Hodgman, Donald R. Credit Risk and Credit Rationing [J]. The Quarterly Journal of Economics, 1960, 74 (2): 258-278.

[53] Hodgman, Donald R. Credit Risk And Credit Rationing: A reply [J]. The Quarterly Journal of Economics, 1961, 75 (2): 327-329.

[54] Jaffee, D. & Modigliani, F. A theory and Test of Credit Rationing [J]. American Economic Review, 1969, 59: 850-572.

[55] Jaffee, Dwight M. & Russell, Thomas. Imperfect Information, Uncertainty, and Credit Rationing [J]. The Quarterly Journal of Economics, 1976, 90 (4): 651-666.

[56] Jayaratne, J. & Wolken, J. D. How important are small banks to small business lending? New evidence from a survey to small businesses [J]. Journal of Banking and Finance, 1999, 23: 427-458.

[57] Keeton, W. R. Equilibrium Credit Rationing [M]. New York and London: Garland publishing Inc, 1979.

[58] Leeth, JD & Scott, A. The Incidence of Secured Debt: Evidence from the Small Business Community [J]. Journal of Financial and Quantitative Analysis, 1989, 24: 379-394.

[59] Miller, Meton H. Credit Risk and Credit Rationing: Futher Comment [J]. The Quarterly Journal of Economics, 1962: 480-488.

[60] Nakamura, Leonard I. Commercial bank information: Implication for the structure of banking [A]. In M. Klausner and L. J. White (eds.). Structural Change in Banking (Irwin Publishing Homewood, IL) [C]. 1993.

[61] Nitzan, Shmuel. Collective Rent Dissipation [J]. The Economic Journal, 1991, 101 (409): 1522-1534.

[62] Ongena, S. & Smith, D. C. What Determines the Number of Bank Relationships? Cross-Country Evidence [J]. Journal of Financial Intermediation, 2000, 9 (1): 26-56.

[63] Petersen, M. A. & Rajan, R. G. The Benefits of Firm-creditor relationships: Evidence from small business data [J]. Journal of Finance, 1994, 49: 3-37.

[64] Petersen, M. A. & Rajan, R. G. The Effect of Credit Market Competition on Lending Relationships [J]. Quarterly Journal of Economics, 1995, 110: 407-443.

[65] Petersen, M. A. & Rajan, R. G. Does distance still matter? The information revolution in small business lending [R]. Chicago: Mimeo. Northwestern University and University of Chicago, 2000.

[66] Ryder, Harl E. Credit Risk and Credit Rationing: Comment [J]. The Quarterly Journal of Economics, 1962: 471-479.

[67] Schmidt-Mohr, Udo. Rationing Versus Collateralization in Competitive and Monopolistic Credit Markets with Asymmetric Information [J]. European Economic Review, 1997, 41 (7): 1321-1342.

[68] Schreft, S. L. & Villamil, A. P. Credit rationing by loan size in commercial loan markets [J]. Federal Reserve Bank of Richmond Economic Review, 1992.

[69] Stein, Jeremy C. Information production and capital allocation: Decentralized versus hierarchical firms [R]. Cambridge: Massachusetts Institute of Technology, 2000.

[70] Steven, Cheung . Private Property Rights and Sharecropping [J]. The Journal of Political Economy, 1968, 76 (6): 1107-1122.

[71] Steven, Cheung. The Enforcement of Property Rights in Children, and the Marriage Contract [J]. The Economic Journal, 1972, 82 (326): 641-657.

[72] Steven, Cheung. A theory of Price Control [J]. Journal of Law and Economics, 1974, 17 (1): 53-72.

[73] Steven, Cheung. Why Are Better Seats "Underpriced" [J]. Economic Inquiry, 1977, 15 (3): 513-522.

[74] Stiglitz, J. & Weiss, A. Credit Rationing in Market with Imperfect Information [J]. American Economics Review, 1981, 71: 393 -410.

[75] Stiglitz, J. & Weiss, A. Credit Rationing with Collateral [R]. Bell Communications Research Economics, Discussion Paper No. 12, 1985.

[76] Stiglitz, J. E. & Weiss, A. Credit Rationing: Reply [J]. The American Economic Review, 1987, 77 (1): 228-231.

[77] Stiglitz, J. E. & Weiss, A. Macro-Economic Equilibrium and Credit Rationing [R]. Cambridge: National Bureau of Economic Research, 1987.

[78] Stiglitz, J. E. & Weiss, A. Asymmetric Information in Credit Markets and Its Implications for Macro-Economics [J]. Oxford Economic Papers, 1992, 44 (4): 694-724.

[79] Stiglitz, J. E. The Causes and Consequences of the Dependence of Quality on Price [J]. Journal of Economic Literature, 1987, 25 (1): 1-48.

[80] Tobin, James. A Survey of the Theory of Rationing [J]. Econometrica, 1952 (20): 521-553.

[81] Whette, Hildegard C. Collateral in Credit Rationing in Markets with Imperfect Information: Note [J]. The American Economic Review, 1983, 73 (3): 442-445.

[82] Williamson, Stephen D. Costly Monitoring, Loan Contracts, and Equilibrium Credit Rationing [J]. The Quarterly Journal of Economics, 1987, 102 (1): 135-146.

[83] Wenders, John T. On Perfect Rent Dissipation [J]. The American Economic Review, 1987, 77 (3): 456-459.

[84] Wing Suen. Rationing and Rent Dissipation in the Presence of Heterogeneous Individuals [J]. The Journal of Political Economy, 1989, 97 (6): 1384-1394.

［85］白钦先，薛誉华. 各国中小企业政策性金融体系比较［M］. 北京：中国金融出版社，2001.

［86］董彦岭. 中小企业银行信贷融资研究［M］. 北京：经济科学出版社，2005.

［87］孔刘柳. 商业银行信贷合约行为理论［M］. 上海：上海财经大学出版社，2001.

［88］李建军. 中国地下金融规模与宏观经济影响研究［M］. 北京：中国金融出版社，2005.

［89］李扬，杨思群. 中小企业融资与银行［M］. 上海：上海财经大学出版社，2001.

［90］刘国光，杨思群. 中小企业融资［M］. 北京：民主与建设出版社，2002.

［91］刘曼红. 中国中小企业融资问题研究［M］. 北京：中国人民大学出版社，2003.

［92］吕连生. 中小企业信用担保体系研究［M］. 合肥：合肥工业大学出版社，2004.

［93］罗正英. 中小企业融资问题研究［M］. 北京：经济科学出版社，2004.

［94］孙厚军. 中小企业信用担保：体系建设政府行为绩效激励风险防范［M］. 杭州：浙江大学出版社，2003.

［95］文远华. 中国经济转型时期信贷配给问题研究［M］. 上海：上海人民出版社，2005.

［96］谢平，陆磊. 中国金融腐败的经济学分析［M］. 北京：中信出版社，2005.

［97］谢平，焦瑾璞. 中国商业银行改革［M］. 北京：经济科学出版社，2002.

［98］徐滇庆. 金融改革路在何方－民营银行200问［M］. 北京：北京大学出版社，2002.

［99］杨思群. 中 小 企 业 融 资［M］. 北 京：民 主 与 建 设 出 版

社，2002.

［100］张捷. 结构转换期的中小企业金融研究——理论、实证与国际比较［M］. 北京：经济科学出版社，2003.

［101］张利胜，狄娜. 中小企业信用担保［M］. 上海：上海财经大学出版社，2001.

［102］张五常. 佃农理论：应用于亚洲的农业和台湾的土地改革［M］. 北京：商务印书馆，2000.

［103］张五常. 经济解释：张五常经济论文选［M］. 北京：商务印书馆，2000.

［104］张五常. 经济解释［M］. 香港：花千树出版有限公司，2006.

［105］周明. 非均衡信贷合约市场的微观基础［M］. 北京：中国金融出版社，2004.

［106］［美］巴泽尔. 产权的经济分析［M］. 上海：上海人民出版社，1997.

［107］［美］科斯. 论生产的制度结构［M］. 上海：上海三联书店，1994.

［108］巴曙松，徐滇庆. 我们需要什么样的民营银行［J］. 改革与理论，2002（8）.

［109］陈兵洲，王发惠. 赴浙江泰隆商业银行考察报告［J］. 今日财富，2010（11）.

［110］郭斌，刘曼路. 民间金融与中小企业发展：对温州的实证分析［J］. 经济研究，2002（10）.

［111］何德旭，王卉彤. 美国社区银行的发展：评述及启示［J］. 新金融，2006（7）.

［112］黄磊，倪民，孙丰山. 论信用担保机构的融资职能与社会职能：理论与个案研究［J］. 金融研究，2005（3）.

［113］李宝庆. 中小企业发展之信用管理体系的构建［J］. 金融研究，2002（3）.

[114] 李大武. 中小企业融资难的原因剖析及对策选择 [J]. 金融研究, 2001（10）.

[115] 李曼, 李芬儒. 关注和融入中小企业成长——论中小企业银行服务营销 [J]. 金融研究, 2005（6）.

[116] 李扬. 拨开迷雾——著名经济学家李扬谈中小企业贷款难 [J]. 银行家, 2002（10）.

[117] 李志赟. 银行结构与中小企业融资 [J]. 经济研究, 2002（6）.

[118] 梁冰. 我国中小企业发展及融资状况调查报告 [J]. 金融研究, 2005（5）.

[119] 林毅夫, 李永军. 中小金融机构发展与中小企业融资 [J]. 经济研究, 2001（1）.

[120] 林毅夫, 孙希芳. 信息、非正规金融与中小企业融资 [J]. 经济研究, 2005（7）.

[121] 罗丹阳, 宋建江. 私营经济成长与融资结构选择 [J]. 金融研究, 2004（10）.

[122] 罗正英. 我国中小企业信贷融资可获性特征研究——基于苏州地区中小企业财务负责人的观点 [J]. 上海经济研究, 2005（3）.

[123] 毛晋生. 长周期下的融资供求矛盾: 我国中小企业融资渠道的问题研究 [J]. 金融研究, 2002（1）.

[124] 邱兆祥, 赵丽. 城市商业银行宜定位于社区银行 [J]. 金融理论与实践, 2006（1）.

[125] 沈炳熙, 高圣智. 日本的中小企业金融政策 [J]. 金融研究, 2002（9）.

[126] 苏存. 信用缺失研究 [J]. 金融研究, 2005（10）.

[127] 孙世重. 发展民营银行需要进一步澄清的几个关键问题 [J]. 金融研究, 2003（2）.

[128] 田晓霞. 小企业融资理论及实证研究综述 [J]. 经济研究, 2004（5）.

[129] 王爱俭. 发展我国社区银行的模式选择 [J]. 金融研究, 2005 (11).

[130] 王朝弟. 中小企业融资问题与金融支持的几点思考 [J]. 金融研究, 2003 (1).

[131] 王霄, 张捷. 银行信贷配给与中小企业贷款——一个内生化抵押品和企业规模的理论模型 [J]. 经济研究, 2003 (7).

[132] 王自力. 香槟效应和中小企业信贷融资 [J]. 金融研究, 2004 (1).

[133] 魏开文. 中小企业融资效率模糊分析 [J]. 金融研究, 2001 (6).

[134] 翁舟杰, 陈和智. 隐性合约、租值耗散与我国信贷市场非规范融资行为研究 [J]. 经济学家, 2008 (3).

[135] 翁舟杰, 余江. 信贷配给再探索——租值耗散和交易费用框架 [J]. 投资研究, 2007 (7).

[136] 吴洁. 关系型贷款研究综述 [J]. 理论研讨, 2005 (10).

[137] 吴洁. 中小企业关系型贷款: 银行组织结构视角的分析 [J]. 财经问题研究, 2006 (5).

[138] 吴明理, 徐东风, 姜春创. 新路径与比较优势: 三种担保模式的实证研究 [J]. 金融研究, 2002 (10).

[139] 辛树人, 向珂. 中小企业金融制度的缺陷分析及矫正点选择 [J]. 金融研究, 2004 (7).

[140] 许崇正, 官秀黎. 论中国民营企业融资和金融支持 [J]. 金融研究, 2004 (9).

[141] 徐洪水. 金融缺口和交易成本最小化: 中小企业融资难题的成因研究与政策路径——理论分析与宁波个案实证研究 [J]. 金融研究, 2001 (11).

[142] 晏露蓉, 林晓甫. 中国社区银行的市场需求和发展可能分析 [J]. 金融研究, 2003 (10).

[143] 严谷军. 关系型贷款与美国社区银行自生能力: 一个文献综

述［J］. 浙江社会科学，2006（4）.

［144］严谷军，闻岳春. 经济转轨中的民营金融与经济发展：基于台州的实证分析［J］. 金融研究，2005（7）.

［145］闫力. 金融发展与民营企业融资体系建设［J］. 金融研究，2005（2）.

［146］杨胜刚，胡海波. 不对称信息下的中小企业信用担保问题研究［J］. 金融研究，2006（1）.

［147］杨晓光，卢授永. 民营资本进入银行业——结构改造还是产权改造［J］. 金融研究，2003（9）.

［148］殷孟波，贺国生. 银行为什么愿意向大企业贷款［J］. 经济学家，2004（4）.

［149］殷孟波，翁舟杰. 租值耗散理论与我国中小企业贷款难问题研究［J］. 经济学动态，2006（7）.

［150］殷孟波，翁舟杰. 解读中小企业贷款难理论谜团的新框架：租值耗散与交易费用视角［J］. 金融研究，2008（5）.

［151］殷孟波，翁舟杰. 关系型贷款和小银行优势论述评［J］. 财贸经济，2007（6）.

［152］殷孟波，翁舟杰. 从交易费用看农村信用社的制度选择——为合作制正名［J］. 财经科学，2005（5）.

［153］尹龙. 发展民营银行：几个关键问题的争论［J］. 金融研究，2002（11）.

［154］翟建宏，高明华. 中小企业贷款难和社区银行发展［J］. 金融理论与实践，2005（3）.

［155］张芳. 中国商业银行市场集中度研究——基于14家商业银行数据的实证分析［J］. 哈尔滨商业大学学报：社会科学版，2012（3）.

［156］张杰. 民营经济的金融困境与融资次序［J］. 经济研究，2000（4）.

［157］张捷. 中小企业的关系型借贷与银行组织结构［J］. 经济研

究，2002（6）.

[158] 张文汇. 不完全信息与长期客户关系：民营经济融资研究 [J]. 金融研究，2005（11）.

[159] 张永灿，刘晓勇，杨志华. 中国商业银行业市场结构与绩效实证研究 [J]. 市场论坛，2007（4）.

[160] 周天勇，张弥. 经济运行与增长中的中小企业作用机理 [J]. 经济研究，2002（4）.

[161] 周宗安，张秀锋. 中小企业融资困境的经济学描述与对策选择 [J]. 金融研究，2006（2）.

[162] 民建中央专题调研组. 泰隆城信社的微小企业信贷实践 [J]. 金融博览，2006（1）.

[163] 中国人民银行廊坊市中心支行课题组. 中小企业信用担保公司可持续发展的模式选择 [J]. 金融研究，2003（11）.

[164] 王恬. 中国商业银行的信用风险定价、分散与转移问题研究 [D]. 成都：西南财经大学，2004.

[165] 邢学艳. 产权、竞争与我国商业银行绩效研究 [D]. 上海：华东师范大学，2011.